名探偵コナンの12才までに覚えたい英熟語300

原作　青山剛昌
監修　アレン玉井光江
（青山学院大学教授）

小学館

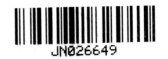

はじめに

2020年より、小学校でも、5年生から教科としての英語が始まり、3年生からは、外国語活動が始まりました。今までと比べると、小学校を卒業するまでに受ける英語の授業時間が3倍になります。小学校で英語が本格的に始まったことを受けて、中学校の英語も、グンとレベルアップします。「え〜っ、大変だな」「いやだな」と思っている人たちもいるでしょうが、英語ができるようになれば、将来の夢がもっと広がったり、できることが増えるかもしれません。チャンスとう来です！

外国語を学ぶときに、単語や、表現（熟語・イディオム）をたくさん知っていたほうが良いことは、みなさんも想像できますよね。なかでも表現は、全体を丸ごと覚えていくのが、効果的な学習法だといわれています。ただし、そのときに重要なのは、その表現がどのような状きょうや場面のもとで使われているのか、また、どのような目的で使われているのかを理解しながら学習することです。これらをはだで感じながら学習していくことが重要なのです。コナンが大好きなみなさん、この本では、コナンのまんがに登場したせりふを、英語の表現（熟語・イディオム）にするとどうなるのか、くわしくしょうかいされています。まんがのシーンを見て、コナンやその仲間たちの気持ちを想像しながら、英語の表現を見てください。「こんな言い方をすればいいんだ！」とか、「こんな言い方で通じるんだ！」など、たくさんの発見があると思います。要するに、自分が実際に使っているという気持ちで、表現を聞いたり、言ってみたりすることが大切なのです。このような練習を重ねると、日常生活の中で「ああ、この場面では、あの英語の表現が使える！」と思えることが、増えてくると思います。とてもわくわくしますね。

これからみなさんが生きていくこの世界では、多種多様な人々とコミュニケーションする場面が多くなるでしょう。世界で共通語として使われている英語を身につけるため、多くの表現を学んでいきましょう。

がんばりましょう！

アレン玉井光江

You two understand each other.

Excuse me.

Is anyone asking for help ?

もくじ

はじめに ・・・ 2

もくじ ・・・ 4

キャラクターしょうかい ・・・ 6

この本の構成と使い方 ・・・ 8

FILE 1

SCENE 1〜50 ・・・ 12

練習問題 ・・・ 62

コラム ❶ ・・・ 72

FILE 2

SCENE 51〜100 ・・・ 74

練習問題 ・・・ 124

コラム ❷ ・・・ 132

It's mine.

Pick me up with your car.

Just kidding.

What are you doing ?

I've also heard about the case.

Please come in.

FILE **3**

SCENE **101~150** ··· 134
練習問題 ··· 184
コラム ❸ ··· 194

FILE **4**

SCENE **151~200** ··· 196
練習問題 ··· 246
コラム ❹ ··· 254

FILE **5**

SCENE **201~250** ··· 256
練習問題 ··· 306
コラム ❺ ··· 312

FILE **6**

SCENE **251~300** ··· 314
練習問題 ··· 364
コラム ❻ ··· 372

よく使う表現集 ··· 373

練習問題解答 ··· 388
英語さくいん ··· 390
日本語さくいん ··· 395

Stop talking.

She is listening to that tape.

Gentlemen!!

Ladies♡ and...

et's go into it now !

帝丹高校

鈴木園子

鈴木財ばつのおじょう
さま。蘭の親友。

世良真純

蘭のクラスに転校して
きた女子高校生探偵。

同級生 ←→

毛利蘭

帝丹高校に通う、空手の達人。
コナンが新一であることは知ら
ない。

幼なじみ ←→

工藤新一

帝丹高校の学生。黒
ずくめの組織に毒薬
を飲まされ、子どもに。

親子 ←→

毛利小五郎

蘭の父親で私立探偵。世間で
は〝眠りの小五郎〟として有名。

夫婦 ←→

妃英理

蘭の母親で弁護士。
夫の小五郎とは別
居中。

警視庁

目暮十三

警視庁捜査一課の警部で、
佐藤刑事らの上司。

捜査に協力 ┈┈▶

服部平次

大阪の高校生探偵。たまに、
コナンの捜査を助ける。

ライバル

幼なじみ

佐藤美和子
千葉和伸
高木渉

目暮警部の部下の刑
事たち。

遠山和葉

平次の幼なじみで、
平次とは両思い。

キャラクターしょうかい

同一人物
江戸川コナン
名推理でさまざまな事件を解決する小学生探偵。本当の姿は高校生の工藤新一。
ライバル
怪盗キッド
神出きぼつの大怪盗。コナンのライバル。
同級生
少年探偵団
小嶋元太
吉田歩美
円谷光彦
コナンと少年探偵団を結成した仲間たち。
協力者
同級生
阿笠博士
発明家。コナンの探偵グッズを作っている。通称・博士で、本名は博士。
灰原哀
黒ずくめの組織にいた科学者で、謎の毒薬を発明。今は阿笠家に住む。
先生と生徒
先生と生徒
帝丹小学校
小林澄子
コナンたちの1年B組の担任。
ゆくえを追う
ゆくえを追う
黒ずくめの組織
ジン
ウォッカ
ベルモット
コナンが追う、謎の犯罪組織のメンバー。
捜査
安室透
黒ずくめの組織にせん入している公安警察官。

この本の構成と使い方

この本は、FILE 1 から FILE 6 まで、それぞれ、「英熟語ページ」と「練習問題ページ」のふたつのパートに分かれているよ。「英熟語ページ」では、コミックス『名探偵コナン』に登場するまんがのシーンを読みながら、英熟語を楽しく学んでいこうぜ！「練習問題ページ」では、「英熟語ページ」に出てきた英熟語を、練習問題を通じて、しっかり身につけよう！ 巻末には、この本で学んだ英熟語のうち、特によく使うものについて、「よく使う表現集」としてジャンル別にまとめてあるので、参考にしてね。

英熟語ページ

しっかり身につけておきたい重要な英熟語300について、コミックス『名探偵コナン』に登場するまんがのシーンを1巻から順番に読みながら、楽しく学べる構成になっているよ。

カタカナ発音は、英語の読み方を示しているよ。実際の発音に近くなるように書かれているけど、正しい発音は、QR コード（10 ページ）から特設サイトにアクセスして、音声を聞いて確認してね。

このページで学ぶ英熟語の見出しだよ。

『名探偵コナン』のまんがのシーンに出てくるせりふを英語にすると、下に書かれている英文のようになるよ。

英文に対応する、より分かりやすい日本語訳も付けてあるから、参考にしてね。

コナンと灰原が、重要なポイントなどを解説しているよ。

SCENE 9 wait for ～

君にも証言してほしい事があるんだが、すぐ来られるかね？
そうか！
では、空港で待っとるぞ!!
これを英語にすると

SCENE コナンは目暮警部の声をまねて、小五郎を空港に呼び出しています。（コミックス２巻 42 ページ）

I'll wait for you at the airport.

私は空港であなたを待っています。

wait for ～ は「(～を) 待つ」の意味だ。～には「人」だけでなく bus (バス) のような「乗り物」を入れて、I'm waiting for the bus. (私はバスを待っています) のようにも使うよ。

20

練習問題ページ

「英熟語ページ」を読み終えた後で、練習問題にチャレンジしてみよう！
「初級問題」は、これまでに出てきた英熟語について、「英熟語ページ」で出てきたまんがのシーンを思い出しながら、答えてみよう。
「応用問題」は、これまでに出てきた英熟語について、「英熟語ページ」で出てきたまんがとはちがうシーンを見ながら、答えてみよう。ちょっと難しいけど、ぜひトライしてくれ！

よく使う表現集

「英熟語ページ」に登場した英熟語のなかで、特によく使うものについて、ジャンル別にまとめてあるよ。まとめて覚えると、英語がとても上達するので、試してみてね！

まんがのシーンを説明しているから、参考にしてね。コミックスの巻数とページも書いてあるので、興味があったら、コミックスも読んでみて！

動詞の変化形について

＊「昨日〜しました」のように、過去にあったことを言うとき、英語では「動詞の過去形」を用います。本書では、ate（eat の過去形）、saw（see の過去形）をはじめ、さまざまな過去形をしょうかいしています。

＊「〜しています」と言ったりするときには、英語では「動詞の ing 形」を用います。例えば、watch の ing 形は watching です。くわしくは中学で学びますが、動詞はこのように変化するということを覚えておきましょう。

音声を聞いてみよう

スマートフォンやパソコンで聞けるよ！

この本の各ページの音声（見出し、英文）は、ネイティブスピーカーの正しい発音で聞くことができます。QR コード、または URL からインターネットの特設サイトにアクセスしてください。

左のQRコードを読み込んで特設サイトにアクセスしてください。

https://sgk.me/conan_eijyukugo

FILE 1

SCENE 1～50

SCENE

1 How old ～?

SCENE 新一は薬によって子どもになってしまいました。そうとは知らない蘭は、新一を初対面の男の子だと思っています。(コミックス1巻59ページ)

How old are you, boy?

ボク、君は何才ですか?

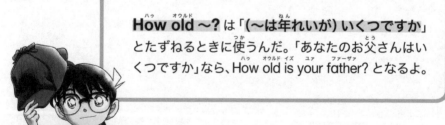

How old ～? は「**(～は年れいが) いくつですか**」とたずねるときに使うんだ。「あなたのお父さんはいくつですか」なら、How old is your father? となるよ。

SCENE **2**

What's your name?

これを英語にすると

SCENE 蘭が子どもになってしまった新一と初めて出会い、名前を聞いています。
(コミックス1巻59ページ)

What's your name?

あなたの名前は何ですか?

What's your name? は、「**あなたの名前は**」と相手の名前をたずねるときに使うのよ。first name は「名」で、「姓」は last name または family name と言うわ。

SCENE 3 ～ years old (イァズ オウルド)

これまでの話を整理すると…

誘拐されたのは、この家の一人娘、谷晶子さん、

これを英語にすると

10歳 年齢(ねんれい)…

SCENE 女の子がゆうかいされました。助けてほしいとの依頼を受けた小五郎が、依頼主の屋しきに来ています。（コミックス1巻70ページ）

She is ten years old.
シィ イズ テン イァズ オウルド

かの女は10才です。

～ years old は「～才」を表して、～には数が入るよ。ただし、～が one のときは years ではなく、単数形の year を使って one year old と言うぞ。
(イァズ オウルド / ワン / イァズ / ワン イァ オウルド)

SCENE **4** サンキュー
Thank you.

これを英語にすると

SCENE ゆうかいされていた女の子は、コナンと蘭の活やくで無事に救出されました。
（コミックス1巻114ページ）

サンキュー
Thank you.

ありがとうございます。

Thank you. は「**ありがとう**」とお礼を言うときの決まり文句よ。「サンキュー」は、日本語でも使われてるわね。

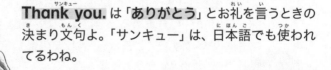

なーに、この名探偵・毛利小五郎に任せれば大丈夫!!

ヨーコさんに、指一本触れさせませんよ!!

だって、アイドルの部屋って、どんな所か見てみたいもん!!

ねー、コナン君もそうでしょ?

う、うん…

あん?

わたしも行ってもいい?

ねえ、お父さん!!

は、はい…

とりあえず、ヨーコさんの部屋を調べてみましょうか…

これを英語にすると

SCENE 人気アイドルの沖野ヨーコから、小五郎に不しん者調査の依頼が…。コナンと蘭もいっしょに調査に行くようです。(コミックス1巻129ページ)

Can I go with you?
キャン アイ ゴゥ ウィズ ユー

私もあなたといっしょに行っていいですか?

Can I 〜? は「私は〜してもいいですか」と、相手に許可を求めるときに使うよ。「私たちは〜してもいいですか」と言う場合は、I の代わりに we を使って Can we 〜? とするんだ。

SCENE **6** **come back**

おかしい…
あの新一が、一週間も行方不明なんて…
やっぱり、何かあったんだ…
でも、新一にかぎってそんな事…
新一…
早く帰って来てよ…
新一!!!
これを英語にすると

SCENE 新一が薬で子どもになってしまってから１週間。姿を見せず、連らくもない新一のことを、蘭は心配しています。（コミックス１巻 180 ページ）

Come back right away, please.

早く帰ってきてください。

come back は「**帰る、もどる**」の意味よ。この英文では、「〜してよ」を命令文で表しているわ。right away は「今すぐに」の意味よ。

SCENE **7**

(ホ)ワット　アー　ユー　ドゥーイング

What are you doing?

SCENE ある男をび行している小五郎を、コナンが見かけました。(コミックス2巻14ページ)

(ホ)ワット　アー　ユー　ドゥーイング

What are you doing?

あなたは何をしているのですか?

(ホ)ワット　アー　ユー　ドゥーイング

What are you doing? は、相手に「**何をしているのですか**」とたずねる表現だ。

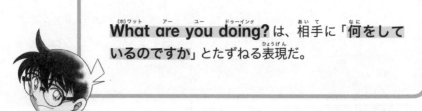

SCENE **8** **take care of ～**

これを英語にすると

SCENE 両親がいなくなったコナンを、蘭がかわいそうに思ってめんどうをみるようです。（コミックス2巻18ページ）

You have to take care of him.

あなたがかれのめんどうをみなくてはいけません。

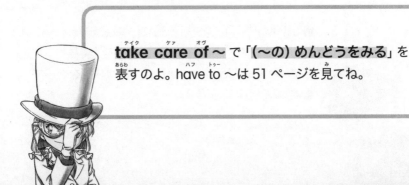

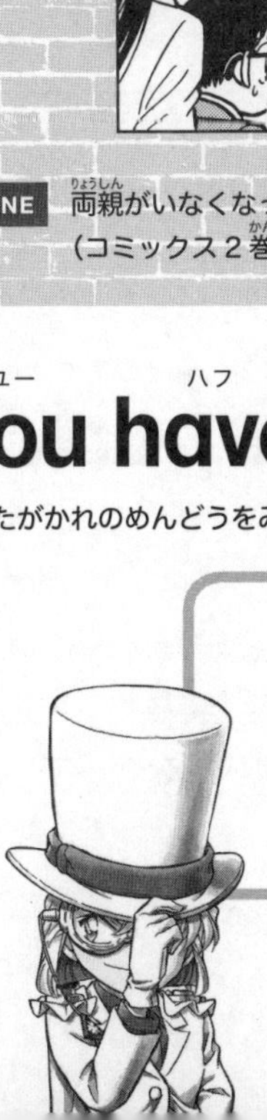

take care of ～で「(～の) めんどうをみる」を表すのよ。have to ～は51ページを見てね。

これを英語にすると

君にも証言してほしい事があるんだが、すぐ来られるかね？

では、空港で待っとるぞ！！

そうか！

SCENE コナンは目暮警部の声をまねて、小五郎を空港に呼び出しています。
（コミックス 2 巻 42 ページ）

I'll wait for you at the airport.
アイル　ウェイト　フォア　ユー　アット　ズィ　エアポート

私は空港であなたを待っています。

wait for 〜 は「（〜を）待つ」の意味だ。〜には「人」だけでなく bus（バス）のような「乗り物」を入れて、I'm waiting for the bus.（私はバスを待っています）のようにも使うよ。
アイム　ウェイティング　フォア　ザ　バス　わたし

SCENE **10** # Stop ～ing.

どうしたの雅美さん、しっかりして!!
!?
蘭ねえちゃん、早く救急車を!!
それに、おじさん達にも!!
う、うん わかった!!
これを英語にすると
む、無駄よ…もう手遅れだわ…
しゃべっちゃダメだ!!
しゃべると傷口が…

SCENE 銃で撃たれた女の人に、コナンが声をかけています。（コミックス 2 巻 119 ページ）

Stop talking.

話すのをやめなさい。

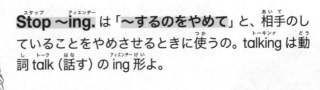

Stop ～ing. は「**～するのをやめて**」と、相手のしていることをやめさせるときに使うの。talking は動詞 talk（話す）の ing 形よ。

（ホ）ワット　ア
What a 〜!

わあーっ、ステキな眺めー♡

これを英語にすると

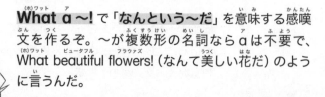

SCENE 大きな船から蘭が夕日をながめています。（コミックス 3 巻 6 ページ）

（ホ）ワット　ア　　ワンダァフル　　ヴュー
What a wonderful view!

なんてすてきなながめでしょう！

What a 〜! で「なんという〜だ」を意味する感嘆文を作るぞ。〜が複数形の名詞なら a は不要で、What beautiful flowers!（なんて美しい花だ）のように言うんだ。

12 I'm sorry.
アイム　サリィ

SCENE 一族以外の人間が船に乗っていることで、旗本家当主の豪蔵にむこ養子の北郎がおこられています。（コミックス3巻9ページ）

I'm sorry.
アイム　サリィ

ごめんなさい。

I'm sorry. は「ごめんなさい、すみません」と、相手に謝るときの表現よ。

SCENE 刺傷事件の現場にあった包丁は、この男性の持ち物でした。（コミックス 3 巻 77 ページ）

It's mine.

それは私の物です。

It's mine. で「それは私の物です」を表すんだ。
mine は「私の物」という意味だよ。

SCENE **14** オウヴァ ゼァ

over there

これを英語にすると
勇太!!
え?
あ…あそこです!!
あの公園の中に…
やばい!!
!?

SCENE 小川医師が、さらわれた息子の勇太君を公園の中で見つけたようです。勇太君の運命は…。(コミックス3巻162ページ)

ゼァ　オウヴァ　ゼァ

There! Over there!

あそこ！　あそこです！

over there は「**あそこに、向こうに**」の意味よ。

SCENE 15 do *one's* homework

SCENE 蘭の話に、小五郎とコナンは真けんには耳を貸しません。(コミックス４巻７ページ)

I'll do my homework.

私は宿題をするつもりです。

do *one's* homework は「**宿題をする**」という意味だよ。one's には your, my, his, her などが入るよ。homework は「宿題」だ。

SCENE **16** # look for ～

SCENE 警備室の防犯カメラでとられたビデオに、殺された美術館の真中オーナーが映っています。犯人は見つかるのでしょうか。(コミックス4巻19ページ)

He is looking for someone.

かれはだれかを探しています。

look for ～ で「(～を) 探す」を表すの。ここでは「(今) 探している」状きょうなので、is looking と現在進行形の文になっているわ。

SCENE 殺された真中オーナーが、殺される前にペンを投げ捨てている姿が、防犯カメラにとらえられていました。（コミックス4巻34ページ）

Why did he throw away the pen?
（ホ）ワィ　ディッド　ヒー　スロゥ　アウェイ　ザ　ペン

なぜ、かれはそのペンを投げ捨てたのですか？

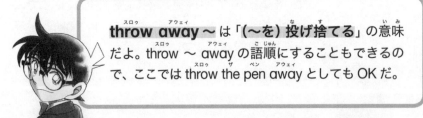

throw away 〜 は「（〜を）投げ捨てる」の意味だよ。throw 〜 away の語順にすることもできるので、ここでは throw the pen away としても OK だ。

SCENE **18** # Thanks.

これを英語にすると

SCENE 思いがけず、コナンが蘭に飲み物を買ってきてくれました。（コミックス４巻 114 ページ）

Thanks.

ありがとう。

15 ページに、「**ありがとう**」とお礼を言うときの表現として Thank you. が出ているけど、**Thanks.** はこれをくだけた感じにした言い方よ。

SCENE **19** # Excuse me.

これを英語にすると

SCENE 紙ぶくろを持った男が、コナンたちに話しかけています。自分の紙ぶくろと歩美の紙ぶくろをまちがえて持って行ってしまったようです。(コミックス4巻118ページ)

Excuse me.

すみません。

Excuse me. は「**すみません、ちょっと失礼**」という感じで、ほかの人に話しかけるときに使うぞ。Excuse me? と上がり調子に言うと、「今、何とおっしゃいましたか」と、相手に聞き返す表現になるんだ。

SCENE **20** # That's right.

SCENE 宝探しをしていたコナンたちは、強とう団によってとらえられてしまいました。
(コミックス4巻167ページ)

That's right.

そのとおりです。

That's right. は相手の考えが正しいと思ったときに、「**そのとおり、そうです**」という意味で使うのよ。You're right. と言うこともできるわ。76ページも見てね。

SCENE **21**

ゴゥ　トゥー　ベッド
go to bed

これを英語にすると
そういえばなんであの人、蘭ねーちゃんを襲ったんだろ?
さぁ…誰でもいいんじゃないあーいう人って…
ねー…蘭ねーちゃん、誰かに恨まれてるって事なーい?
え?
ホラ、空手で顔に大ケガさせちゃった人とか…
いないわよそんな人!!!
もーーさっさと寝なさい!!
パチ
はーい…

SCENE コナンのひと言に対して、蘭がちょっとイライラしたようです。（コミックス5巻47ページ）

ゴゥ　トゥー　ベッド　ナゥ
Go to bed now!

早くねなさい！

go to bed は「**ねる**」の意味で、「とこにつく」という動作を表すよ。「ねむる」という状態は sleep を使って、I usually sleep for seven hours.（私はふつう7時間ねむります）のように言うぞ。

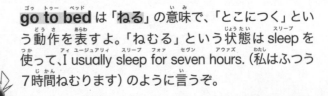

SCENE

22 Good night.

これを英語にすると

SCENE 園子の別そうで殺人事件が起こり、こわがった蘭が、コナンのベッドにもぐりこんできたところです。（コミックス5巻49ページ）

Good night, Conan.

おやすみなさい、コナン君。

Good night. は「**おやすみなさい**」の意味で、夜ねるときのあいさつよ。「こんばんは」は Good evening. なので、注意すること。

SCENE **23** ## (ホ)ワッツ　ローング What's wrong?

SCENE カラオケボックスで、ロックバンドのボーカル木村達也がとつぜん、血をはきました。
(コミックス 5 巻 103 ページ)

(ホ)ワッツ　ローング

What's wrong?

どうしたのですか？

What's wrong? は「**どうしたのですか**」と、具合の悪そうな人にたずねる表現だ。wrong の後に with you を付けて、What's wrong with you? と言うこともあるよ。

SCENE **24** # See you.

だ、誰があんたなんか…
オレは蘭に会えてうれしかったぜ…
え？
おまえのマヌケ面が見れてよ！
ど、どういう意味よ!!
おっともう行かなきゃ…
まだ例の事件がかたづいてないんだ…
じゃあな蘭…
ちょっ…

これを英語にすると

SCENE コナン（新一）が蘭に語りかけています。暗いので、蘭にはコナンの姿は見えません。（コミックス5巻155ページ）

See you, Ran.

じゃあね、蘭。

See you. は「**じゃあね、またね**」の意味で、親しい人に対して使う、別れのあいさつよ。「またあした」なら、See you tomorrow. と言うことができるわ。

25 This is 〜.
ズィス　イズ

SCENE 殺人犯の田中が、目暮警部とコナンをだますため、にせの電話に出ているところです。
（コミックス6巻119ページ）

Hello, this is Tanaka.
ヘロゥ　　ズィス　イズ　　タナカ

はい。こちらは田中です。

電話口で **This is 〜.** と言うと「こちらは〜です」
の意味になるよ。speaking を付けて、This is Tanaka
speaking. とも言うぞ。

SCENE 26 right now
ライト ナゥ

SCENE 殺人事件を解くカギとなるかもしれない楽ふが、公民館の倉庫にあるようです。
（コミックス7巻83ページ）

Go to the community hall
ゴゥ トゥー ザ カミューナティ ホール

right now.
ライト ナゥ

今すぐに公民館に行きなさい。

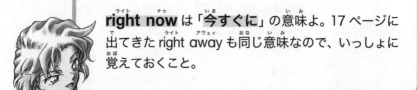

right now は「今すぐに」の意味よ。17ページに出てきた right away も同じ意味なので、いっしょに覚えておくこと。

SCENE 新一と付き合っていたと話した赤木量子。おこった蘭が、その部屋にコナンと向かいます。
（コミックス7巻135ページ）

Shin-ichi may come to her house.

新一がかの女の家に来るかもしれません。

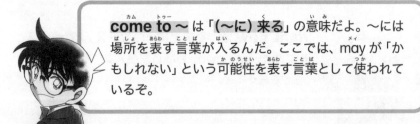

come to 〜 は「（〜に）来る」の意味だよ。〜には場所を表す言葉が入るんだ。ここでは、may が「かもしれない」という可能性を表す言葉として使われているぞ。

SCENE 28 come in

これを英語にすると
さあどうぞ中へ…
キョロキョロ
!?
か、鍵穴に…
こじ開けた跡が…

SCENE 赤木量子が自分の部屋へ、蘭とコナンを入れています。(コミックス 7 巻 137 ページ)

Please come in.

さぁ、中へどうぞ。

come in は「**(部屋や家などに) 入る**」ことを表すの。部屋の中にいる人に「入ってもいいですか」とたずねるときには、May I come in? と言うわよ。

SCENE **29** # run away

SCENE 新一の声で蘭に電話していたコナンが、蘭に見つかりそうになり、あわてててトイレからにげ出しています。（コミックス 7 巻 177 ページ）

He ran away.

かれはにげました。

run away は「**にげる**」という意味だよ。ここでは「にげた」なのでrunの過去形のranが使われているね。

(ホ)ワッツ ザ マタァ
What's the matter?

これを英語に
すると

どうした
ヒデ…？

国立競技場

おまえ、
どっか体が
悪いんじゃ
ないのか？

…‥

もっと気楽に
いこーぜ！
負けたって
命取られる
わけじゃねー
んだからよ！

こいつ、
決勝だから
緊張してん
ですよ！

い、いえ
大丈夫です、
監督！！

なんなら
後半、誰かと
交代しても…

SCENE サッカーの試合のハーフタイム中に、かんとくが人気サッカー選手の赤木英雄にたずねています。
（コミックス8巻6ページ）

(ホ)ワッツ ザ マタァ ヒデ
What's the matter, Hide?

どうしたのですか、ヒデ？

What's the matter? は相手のことを心配して「どうしたのですか」とたずねる表現よ。matter の後に with you を続けて、What's the matter with you? と言うこともあるわ。

SCENE 31　go back

ゴゥ　バック

これを英語に
すると

よーし、そろそろ部屋に戻るとするか…

帰れ
帰れ！

君の小さなボディガード君にね！

もう明子の頭も冷えた頃だろう…

それに…これ以上君のそばにいたらかみつかれそうだ…

SCENE 場所はホテルの展望ラウンジ。婚約者（明子）のいかりが収まるのを待っていた男が、部屋に
もどると言っています。（コミックス8巻56ページ）

I'm going back to my room now.

アイム　ゴウイング　バック　トゥー　マィ　ルーム

ナゥ

私は今、自分の部屋にもどります。

go back は「帰る、もどる」の意味だよ。もどる
場所を示すときには to（〜へ、〜に）を使って、その
後に場所を表す語を続けるぞ。

try to 〜
_{トゥライ トゥー}

これを英語にすると

ええっ!? 江原さんが、男爵のカッコで転落死したぁ!?

ったく…

は、はい…目撃者の証言によると彼が転落死したのはちょうど10時だったと…

それで？彼の泊まってた2101号室は、調べたんですか？

ええ…すぐ調べようとしたんですが入れなくて…

鍵ぐらいマスターキーとかあるでしょう？

そ、それが鍵だけじゃないんですよ…

SCENE 男が転落死した事件で、男がとまっていた部屋はもう調べたのかと、小五郎が刑事にたずねています。（コミックス8巻65ページ）

I tried to check the room right away.
_{アイ トゥライド トゥー チェック ザ ルーム ライト アウェイ}

私はその部屋をすぐに調べようとしました。

try to 〜 は「〜しようとする」を表すの。〜には動詞の原形が入るのよ。過去のことなので、try の過去形の tried が使われているわ。

SCENE **33** # from ～ to ...

これを英語にすると
あ、2002号室の今野さんの記録も残ってませんか？
彼は10時すぎまで電話回線を使って、パソコン通信をやってたはずですが…
あ、はい…9時45分から10時6分まで使っておられます…
10時6分………
だが彼は回線を使っていただけで、誰かと話したわけじゃない…怪しいですな…
とにかく、ほかの人のアリバイも調べてみようよ！おじさんとパブで飲んだくれてた、上条さんなんかも怪しいよ！
こ、こいつ…

SCENE 今野のパソコン使用記録をたずねられ、ホテルのフロント係が答えています。
(コミックス8巻104ページ)

He used it from 9:45 to 10:06.

かれは9時45分から10時6分までそれを使いました。

from ～ to ... は「～から…へ」を表すよ。ここでは「時間」について使っているけど、from Tokyo to Osaka（東京から大阪まで）のように「場所」についても使えるぞ。

これを英語にすると

この時期、夜になるとひっきりなしに吹くのよ！

ちょうどあの銅像の左から右に…

風吹いてた？

人が落ちて来た時、風なんか吹いてた？

ああ…そういえば吹いてたわね…かなり強いのが…

上の方はもっと…？

まあ、上の方はもっとすごい風だけど…

姫風っていってここの名物の一つよ！

SCENE　ホテルの部屋から人が転落した時の風の様子を、コナンがウエイトレスにたずねています。
（コミックス8巻 109ページ）

It blows continuously at night.

イット　ブロゥズ　カンティニュアスリィ　アット　ナイト

夜になると絶え間なく風がふきます。

at night は「夜に」という意味よ。ここでの it は「天候」を表すときに主語として使われているわ。blow は「風がふく」という意味の動詞よ。continuously は「絶え間なく」という意味を表すの。

これを英語に
すると

SCENE 結婚する松本小百合に対して、小百合の友人、竹中一美が軽口をたたいています。
（コミックス8巻 137ページ）

Just kidding.

じょう談です。

Just kidding. は、自分の言ったことが「じょう談だ」と言うときに使うぞ。I'm just kidding. とも言うよ。相手の言ったことに対して「じょう談でしょう」と言うなら、You are kidding. を使うんだ。くわしくは 102 ページで。

SCENE **36** # May I help you?

SCENE 車のトランクに入ったまま連れ去られた歩美から、コナンに連らくが入りました。
(コミックス9巻38ページ)

May I help you?

いらっしゃいませ、何にいたしましょうか?

May I help you? は、店員や係員などが「**いらっしゃいませ、何にいたしましょうか**」と客に声をかけるときの、ていねいな言い方よ。

SCENE 37 pick up ～

これを英語にすると
おい、どーすんだ？空き缶なんか拾っちゃって…
確かめるんだよ！本当にあの中に歩美ちゃんが…
いるかどうかをな!!
きゃっ！
カーン

SCENE 車で連れ去られた歩美を、コナンたちがスケボーに乗って追せきしています。(コミックス9巻43ページ)

Why did you pick up an empty can?

なぜ、あなたは空きかんを拾ったのですか？

pick up ～ は「**(～を) 拾う、(～を) 取り上げる**」の意味だ。回転ずしでお皿を取ることも pick up a plate のように言えるな。empty は「空の」を表すよ。ここでは「どうして空きかんを拾うの？」という意味で元太が発言しているので、why を使った英文にしているよ。

SCENE **38** サウンヅ グレイト

Sounds great.

これを英語にすると
そーだ、これからみんなで卓球やらないか？
おー いーな!!
やろやろ!!
!?
でも私達、夕方花火を見に行く予定でしょ？
大丈夫や、花火は6時半からやからな！
6時前にきりあげれば間に合うよ…

SCENE 小五郎は、大学時代の柔道部のメンバーと久しぶりに集まり、温泉旅館に来ています。
（コミックス 9 巻 67 ページ）

サウンヅ グレイト

Sounds great!

いいですね！

Sounds great. は「**いいですね**」の意味よ。聞いたり、読んだりした内容が「良いと思われる」ときに使う表現ね。

SCENE 39 take a bath
テイク ア バス

これを英語に
すると

あ、ああ
オレらは
露天風呂の方
やったけどな…

確かおまえ達も
風呂に入って
たんだよな?

ああ!
卓球で
汗をかいたから、
大浴場でひと風呂
浴びてたんだよ…

先に花火の席を
取りに行った
おまえと大村には
悪いと思ったんだが…

中道…
おまえそんな
時間まで、
この宿に
いたのか?

ねぇ、

ちょっと
聞きたい事が…

……

どっちみち
手遅れ
やったよ…

アホ!
由美がオレらが
卓球やってる最中に、
死んだんやで!

あの時、
私達が無理矢理
起こしに行ってたら、
もしかしたら
由美…

SCENE 温泉旅館で殺人事件が起こりました。その時間に何をしていたか、確認しているところです。

(コミックス9巻88ページ)

You were also taking a bath, right?
ユー ワー オールソゥ テイキング ア バス
ライト

あなたたちもまた、おふろに入っていたんですよね?

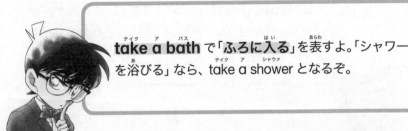

take a bath で「ふろに入る」を表すよ。「シャワー
を浴びる」なら、take a shower となるぞ。

早くこの事を、みんなに知らせないと…

これを英語にすると

わかったぞ！犯人の使ったトリックが！！

SCENE　殺人事件で犯人の使ったトリックがわかったコナンが、ろう下を走っています。
（コミックス9巻98ページ）

I have to tell this to everyone now.

アイ　ハフ　トゥー　テル　ズィス　トゥー　エヴリィワン
ナゥ

私は今、このことをみんなに知らせなくてはなりません。

have to 〜 は「〜しなければならない」を表して、〜には動詞の原形が入るの。主語が he や she などの三人称単数なら has to 〜 となるわ。19ページも見てみること。

SCENE **41** # turn off ～

これを英語にすると

あ!
誰だ電気を消した奴は!?
いや オレ達もたった今ここに…
フフフ…
これではっきりしたな…
我々以外の誰かが、この別荘に潜んでいたという事が…

SCENE だれがなんのために電気を消したのでしょうか？（コミックス9巻143ページ）

Who turned off the light?

だれが電気を消したのですか？

turn off ～ は「**(～を) 消す**」を意味するよ。～には「電気（明かり）」などが入るぞ。逆に「～をつける」はなんと言うかな？　114ページを見てね。

SCENE **42** # have a cold

SCENE コナンが、一時的に新一にもどった時の様子を思い出しています。（コミックス10巻102ページ）

I had a cold.

私はかぜをひいていました。

have a coldは「**かぜをひいている**」という状態を表すわ。ここでは「かぜをひいていた」なので、haveの過去形のhadになっているわね。「かぜをひく」という場合は、catch a coldと言うのよ。

SCENE 本を探しに図書館にやって来たコナンたち。そこへパトカーが現れました。
（コミックス10巻107ページ）

Some police officers are
サム パリース オーフィサァズ アー

coming into this library.
カミング イントゥー ズィス ライブレリィ

警官たちがこの図書館に入ってきます。

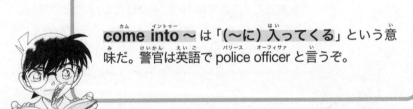

come into 〜 は「（〜に）入ってくる」という意味だ。警官は英語で police officer と言うぞ。
カム イントゥー ポリース オーフィサァ

SCENE テレビ局内で、人が銃で撃ち殺されました。警察が現場を調べています。
（コミックス11巻43ページ）

ウィー　ファウンド　フォー　カートリッヂ　ケイスィズ
We found four cartridge cases

イン　トウトゥル
in total. 私たちは全部で四つの薬きょうを見つけました。

in total は「全部で、合計で」を表すの。found は find（見つける）の過去形よ。不規則に変化することに気をつけて。cartridge cases は銃弾の「薬きょう」のことね。

SCENE 45 have no idea
ハヴ ノゥ アイディーア

それに犯行後、防犯カメラにも人目にもつかないようにスタジオに戻るには、再びロープを使って登らなければならない‼

そんな事をしたら、余計に時間がかかっちゃう…

くそー…全然わからねー…

いったいどーやって往復したんだ？

あ、うん…

ねえ、早くこんな所出てお父さんの所に行こうよ！

これを英語にすると

SCENE 殺人犯がどうやって移動したのか、そのトリックを、コナンはまだ見破ることができないでいます。（コミックス 11 巻 54 ページ）

I have no idea at all.
アイ ハヴ ノゥ アイディーア アット オール

私は全然わかりません。

have no idea は「わからない」を表すよ。at all は「全然（〜ない）」と否定の意味を強めるときに使うんだ。

SCENE **46** スィット アップ
sit up

これを英語にすると
園子さん？夜ふかしはいけませんよ…
待ってよママ、この映画、今いいトコなんだから！
おのれ何奴？名を名のれ!!
番組の途中ですが、今夜、我局内で起こった殺人事件の真相が…
え？
ザワザワ
ええ可能ですよ…
パッ
え〜〜〜っ!!
それをこれから証明してみせましょう！
何これ？
今やってんの？
おいコナン！

SCENE 自宅で夢中になって映画を見ている鈴木園子が、母親から注意されています。
（コミックス 11 巻 67 ページ）

ソノコ　ドウント　スィット　アップ　レイト
Sonoko, don't sit up late.

園子、夜おそくまで起きていてはいけません。

sit up は「**ねずに起きている**」という意味で、sit の代わりに stay を使うこともできるわ。late は「おそくまで」を表すの。sit up all night なら「てつ夜する」という意味になるわね。

SCENE **47** エヴリィ デイ

every day

これを英語にすると

次に入ったのはオレだ!
ここへは毎日のように来てるぜ!
マスターとだべりにな…
殿山十三(38) 大学ラグビー部コーチ
さ、最後に入ったのはボ、ボクです…
ま、待ってたんですよ、女の子をこの店で…
きっと今も店の外で、待ってると思うけどな!…
若王子士郎(21) 広告代理店勤務
じゃあ君か! ドアの下から血が流れているのに気づき、大声を出したというのは…
は、はい…
順番はこれであってるのかね? コナン君…
……

SCENE きっさ店で殺人事件発生。当時、店にいた人たちに、目暮警部が来店の目的をたずねています。(コミックス11巻104ページ)

アイ カム ヒア オールモウスト エヴリィ デイ

I come here almost every day.

私はここに、毎日のように来ています。

every day は「**毎日**」の意味だ。everyday と1語になると「毎日の、ふだんの」という意味になって、everyday life (日常生活) のように使うぞ。

SCENE **48**
Nice to meet you.

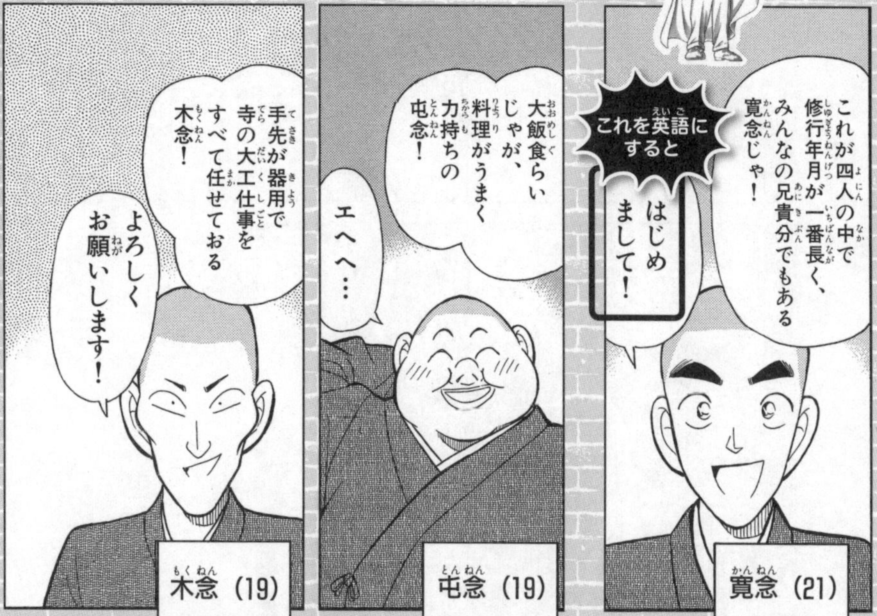
これを英語にすると
これが四人の中で修行年月が一番長く、みんなの兄貴分でもある寛念じゃ！
はじめまして！
寛念（21）
大飯食らいじゃが、料理がうまく力持ちの屯念！
エヘヘ…
屯念（19）
手先が器用で寺の大工仕事をすべて任せておる木念！
よろしくお願いします！
木念（19）

SCENE 寺にとめてもらおうとやって来たコナンたちに対して、修行僧たちがあいさつしています。（コミックス 11 巻 135 ページ）

Nice to meet you.

はじめまして。

Nice to meet you. は、**「はじめまして」**と初対面の人にあいさつするときに使う表現よ。初対面の人と別れるときに「お会いできて良かったです」とあいさつするなら、Nice meeting you. と言うわ。

SCENE **49**

watch *one's* step
（ワッチ ワンズ ステップ）

これを英語にすると

SCENE 寺の修行僧が、コナンたちを寺の横にあるたきへと案内しています。
(コミックス 11 巻 139 ページ)

プリーズ ワッチ ユァ ステップ

Please watch your step.

足元に気をつけてください。

watch *one's* step は「足元に気をつける」という意味だ。one's には your, my, his, her などが入るよ。ここでは相手に対して言っているので、your となっているね。

50 look up
ルック アップ

その後、三日三晩
探したのですが
見つからず…
寺の外へ逃げて
しまったのだと、
あきらめかけた
四日目の朝…

修行のため
この部屋に
こもっていた
忠念が、
壁に大穴をあけ
突然姿を
消したのです…

あれは雨が降り続いた
梅雨の頃の事で
ございます…

壁を修理しようと
寛念とこの部屋へ
入り…

ふと
上を
見上げたら…

これを英語に
すると

SCENE 寺の修行僧が、2年前に死んだ仲間のことを思い出しています。（コミックス11巻150ページ）

I looked up.
アイ ルックト アップ

私は見上げました。

look up は「見上げる」の意味よ。「空を見上げる」
なら、look up at the sky のように言うわ。

SCENE 1〜50までに出てきた英熟語を、これまでに登場したまんがの
場面を思い出しながら、答えてみよう！

わかるかな？

Q 1

□ I go with you?
アイ ゴゥ ウィズ ユー

私もあなたといっしょに行っていいですか？

□ の中に入る単語を次の中から選んでみよう！ ↓

❶ Can キャン ｜ **❷ Am** アム ｜ **❸ Is** イズ

なーに、この名探偵・毛利小五郎に任せれば大丈夫！！

ヨーコさんに、指一本触れさせませんよ！！

だって、アイドルの部屋って、どんな所か見てみたいもん！！

ね、コナン君もそうでしょ？

う、うん…

あん？

わたしも行ってもいい？

とりあえず、ヨーコさんの部屋を調べてみましょうか。

は、はい…

ねえ、お父さん！！

これを英語にすると

ガチャ

（コミックス1巻 129ページ）

わかるかな？

Q2

☐ **me.**
ミー

すみません。

☐ の中に入る単語を次の中から選んでみよう！➡

❶ Bad
バッド

❷ Excuse
イクスキューズ

❸ Sorry
サリィ

（コミックス4巻 118ページ）

練習問題・応用

SCENE 1〜50までに出てきた英熟語を、これまでに登場したまんがの場面とは
ちがう場面を見ながら、答えてみよう！ 少し難しいけど、君ならできる！！

わかるかな？

Q 3

<ruby>ウィ<rt></rt></ruby> <ruby>キャン<rt></rt></ruby> <ruby>テイク<rt></rt></ruby>

We can take ☐ of the children.

ザ チルドゥラン

私たちは、その子どもたちのめんどうをみることができます。

☐ の中に入る単語を次の中から選んでみよう！ ↓

| ❶ ケア care | ❷ ヘルプ help | ❸ プラブラム problem |

（コミックス 40 巻 15 ページ）

わかるかな？

Q 4

ダクタァ　アガサ　イズ　ウェイティング

Dr. Agasa is waiting

ユー　アット　ルーム　ファイブズゥ(ァ)ロゥフォー

you at room 504.

あがさはかせ
阿笠博士があなたを504号室で待っています。

の中に入る単語を次の中から選んでみよう！ ↓

オン	イン	フォア
① on	② in	③ for

（コミックス87巻 72ページ）

［　］ a big kiln!
ア　ビッグ　キルン

なんと大きなかまでしょう！

※ kiln…かま
キルン

 の中に入る単語を次の中から選んでみよう！ ⬇

❶ How
ハゥ

❷ What
(ホ)ワット

❸ Which
(ホ)ウィッチ

（コミックス16巻 172 ページ）

Q 6

The elevator is ▢ there.

そのエレベーターはあそこです。

▢ の中に入る単語を次の中から選んでみよう！

❶ from | **❷ on** | **❸ over**

（コミックス89巻25ページ）

わかるかな？

Q **7**

We are 〔　〕 for her, too.
ウィ　アー　　　　　　　フォア　ハー　トゥー

私_{わたし}たちもかの女_{じょ}を探_{さが}しているところです。

〔　〕の中_{なか}に入_{はい}る単語_{たんご}を次_{つぎ}の中_{なか}から選_{えら}んでみよう！

❶ looking （ルッキング） ┆ ❷ watching （ワッチング） ┆ ❸ seeing （スィーイング）

（コミックス85巻_{かん}113ページ）

わかるかな？ Q8

□ you!
ユー

それでは、また！

□の中に入る単語を次の中から選んでみよう！

① See ② Look ③ Bye

（コミックス68巻 132ページ）

答えは388ページ 69

I'm not going to go ☐.

アイム　ナット　ゴウイング　トゥー　ゴゥ

私はもどるつもりはありません。

☐ の中に入る単語を次の中から選んでみよう！ ➡

❶ before ビフォア　**❷ behind** ビハインド　**❸ back** バック

（コミックス85巻 129ページ）

Q 10

☐ to meet you.

はじめまして。

☐ の中に入る単語を次の中から選んでみよう！

❶ Nice　❷ First　❸ New

（コミックス92巻23ページ）

答えは388ページ

阿笠博士のつぶやき

「アメリカンコーヒー」は日本製

浅くいったコーヒー豆でいれたうすいコーヒーを、日本では「アメリカン（コーヒー）」と言うんじゃが、これは英語ではなく、日本人の作った英語（和製英語）なんじゃ。和製英語は、アメリカ人やイギリス人には通じなかったり、誤解されたりすることがあるぞ。例えば「ガソリンスタンド」は、英語ではgas stationじゃ。また、衣服の「トレーナー」はsweat shirtと言うんじゃ。ちなみに、「コンビニ」もconvenience storeと言わなければ、アメリカ人やイギリス人には通じないぞ。

FILE 2

SCENE 51～100

これを英語にすると

ねえ、確か秀念さん昨夜、遅くまで本を読んでたっていってたよね？

ああ…3時過ぎまで起きてたと思うよ…

その間、何か気づいた事なーい？

ホラ、例えば誰かがこっそり部屋を抜け出した気配とか…

何かを壊す様な不気味な音とか…

誰かの叫び声とか…

いいや、何も聞いてないよ！

昨夜は静かな夜だったから…

SCENE　寺の修行僧の秀念が、コナンに昨夜の様子をたずねられ、答えています。
（コミックス11巻156ページ）

It was quiet last night.
イット　ワズ　クワイアット　ラスト　ナイト

昨夜は静かでした。

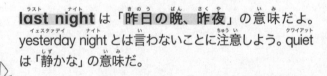

last night は「昨日の晩、昨夜」の意味だよ。yesterday night とは言わないことに注意しよう。quiet は「静かな」の意味だ。

SCENE **52** # in the morning

これを英語にすると
和尚の死亡推定時刻は、昨夜の10時から12時の間…
そして死体が発見されたのが朝の8時頃…
死亡推定時刻
死体発見時刻
トリックの準備をする時間と、水を抜いた後部屋をふいたりする後始末の時間を差し引いて考えても…
犯人は昨夜の12時から6時の間、確実にこの部屋の中にいた事になる!!
そ、それがいったい犯人とどういう関係が…?
……

SCENE 寺の和尚が死んでいるのが発見された事件について、コナンが推理しています。
(コミックス11巻175ページ)

The body was found at about eight in the morning.

その死体は朝の8時ごろに発見されました。

in the morning は「**朝に、午前中に**」を表すの。日付などが付いて、特定の日の「朝に」と言うときは、in ではなく on を使って on the morning of January 1（1月1日の朝に）のようになるわね。found は find（見つける）の過去分詞よ。

おい割り込むなよ！

じゃーオレのも！

これ先にお願いします！

すみません！

これを英語にすると

三人とも同じカバンなんですね…

まちがえないでくださいよ!!

そ、そうだな…

遅れると社長に怒鳴られるぜ！

君も急いだ方がいいよ！

You're right.

そうですね、そのとおり。

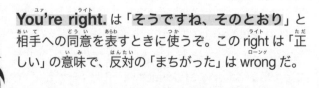

You're right. は「そうですね、そのとおり」と相手への同意を表すときに使うぞ。この right は「正しい」の意味で、反対の「まちがった」は wrong だ。

SCENE 54 take a walk
（テイク ア ウォーク）

これを英語に
すると

SCENE シャーロック・ホームズファンのツアー。参加者の1人である綾子さんの姿が見えません。
（コミックス12巻144ページ）

She went out to take a walk.
（シィ ウェント アウト トゥー テイク ア ウォーク）

かの女は散歩に出かけました。

take a walk は「散歩する」の意味よ。take の代わりに have も使えるわ。この walk は「歩く」という動詞ではなく、「散歩」という意味の名詞なの。go out は「外に出かける」という意味で、ここでは、go（出かける）は過去形の went になっているわね。

SCENE **55** **this way**

SCENE ペンションのガレージがとつぜん火事になり、消火器を探しているところです。
(コミックス 12巻 151 ページ)

This way.

こちらへ。

this way は「**こちらへ**」と人をゆう導するときに使うんだ。Come this way. とも言うよ。

SCENE **56**

(ホ)ワット タイム イズ イット ナウ
What time is it now?

今、何時？
3時10分ですけど…
おつかしーなー…3時には着いてるはずなのに…
午後3時10分です…
コレですか？
い、いやこれは…
あ、コレ僕です！
昨日の昼間、浜辺から携帯電話で入れたんです!!
時間を答えてるのわたしですから間違いないです！
もしもし太一です…
あ、コレが私のです…

これを英語にすると

SCENE 刑事が留守番電話に残されたメッセージはだれのものか、確認しているところです。(コミックス13巻45ページ)

(ホ)ワット タイム イズ イット ナウ
What time is it now?

今、何時ですか？

What time is it now? は「今、何時ですか」と、相手にたずねる表現よ。答えるときは It's threeten.(3時10分です) のように、It's ～. を使うのよ。

SCENE **57**

go home

SCENE 事件発生の場所に来たコナンですが、まだ現場をはなれたくないようです。
(コミックス 13 巻 102 ページ)

Now, we should go home, Conan.

さぁ、私たちは家に帰るべきです、コナン!

go home で「**家に帰る**」の意味だ。to を入れて、go to home とは言わないことに気をつけよう。should は「〜すべきである」の意味だよ。

これを英語にすると

スゲー!!怪獣がいっぱいだ!!

うわー!!

第二倉庫

みんなゴメラにやられた奴らですね…

オイ…

かみつかないかな…

だからただの着ぐるみだって…

SCENE さつえい所の倉庫でたくさんのかいじゅうを見た元太が、感心して言っています。
（コミックス13巻138ページ）

There are a lot of monster costumes.
ゼァ アー ア ラット オヴ マンスタァ
カストゥームズ
たくさんのかいじゅうの着ぐるみがあります。

a lot of 〜 で「たくさんの〜」を表すの。数の多さを言うときだけでなく、a lot of water（大量の水）のように、量の多さを言うときにも使うわよ。monster costumes は、かいじゅうの着ぐるみのことよ。

SCENE **59** Come on.

SCENE　コナンが同級生の女の子から買い物にさそわれています。（コミックス 14 巻 29 ページ）

Come on, Conan. Let's go!

ねぇ、コナン。行こう！

Come on. は「ねぇ」と相手にうながしたり、ねだったりするときに使うよ。また、Come on, you can do it.（がんばれ、君はできるよ）などと、相手をはげますときにも使えるんだ。

SCENE 60 Here you are.

これを英語にすると
はい これ…
へ？
わたしのペンよ…
書く物がほしかったんでしょ？
う、うん…
そっか、また何か面白い事思いついたんだ！
よかったら教えてくれる？
た、
たいした事じゃないんだけど…

SCENE 書く物を欲しがっていたコナンに、蘭がペンをわたしています。（コミックス14巻45ページ）

Here you are.

はい、どうぞ。

Here you are. は「**はい、どうぞ**」と、相手に物をわたすときに使う表現よ。Here it is. と言ってもOKよ。

SCENE 61 Would you like ～?

SCENE お茶をすすめた女性が、相手にお茶をかけてしまいました。これはうっかり？ それとも…。（コミックス14巻74ページ）

Would you like some tea, Uncle?

お茶はいかがですか、おじさん？

Would you like ～? は「（～は）いかがですか」と、相手に物をすすめるときに使うぞ。Do you want some tea?（お茶が欲しいですか）よりも、ていねいな言い方なんだ。

SCENE **62** ノゥ ウェイ
No way!

しかしま――今時、五右衛門風呂とはな…
あらいいじゃない風情があって…

これを英語にすると

ねえ、新ちゃん？後で昔みたいにいっしょに入ろっか♡
ハハハ
やなこった…

SCENE 母親からいっしょにおふろに入ろうとさそわれたコナンが、少しあきれ気味に答えています。
（コミックス14巻88ページ）

ノゥ ウェイ
No way!

絶対にいや！

No way! は「**絶対にいや、とんでもない**」の意味よ。単にNo.と言うよりも、強く否定する感じになるわ。

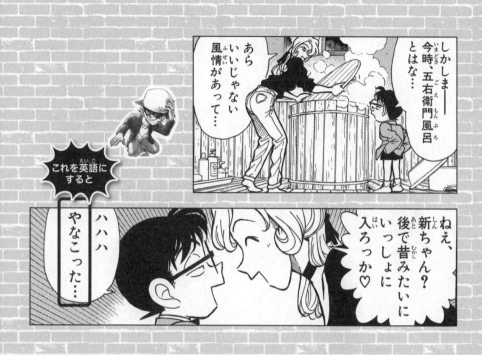

SCENE **63** # I think so, too.

SCENE ちょうネクタイ型変声機で刑事の声になったコナンが、得意げに答えています。
(コミックス14巻124ページ)

I thought so, too.

私もそう思いました。

I think so, too. は、相手の話を聞いて、「**自分もそう思います**」と答えるときに使うよ。thought は think (思う) の過去形だ。「そうは思わない」なら、I don't think so. と言うぞ。

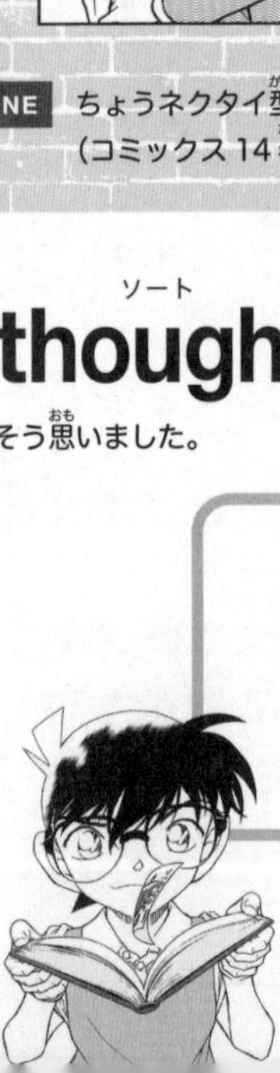

SCENE 64 make it
メイク イット

これを英語に
すると

....

コナン君
何してるの？
中に入れっ！

あ、
うん…

でも杉山先生は、
まだ来てないみたいよ…
表に車なかったし…

ふくくっ
なんとか
着けたね…

SCENE 小学校の先生たちに別そうへとさそわれたコナンたち。
猛吹雪の中、なんとかたどり着きました。
（コミックス14巻156ページ）

We just made it.
ウィー ヂャスト メイド イット

私たちは、たった今たどり着きました。

make it は「（目的地に）たどり着く」という意味
の、くだけた言い方よ。made は make の過去形ね。
ここでは何人かでいっしょに来たので、主語は we
（私たち）になっているわ。just は「たった今」の意味よ。

SCENE **65** I'll do that.

SCENE 蘭が新一に代わって、事件の説明をしてみると言っています。(コミックス15巻36ページ)

I'll do that.

私はそれをします。

I'll do that. は「**私はそれをします**」という意味で、その場で決定した自分の意志を表すよ。

66 Don't worry.
ドウント　ワーリィ

これを英語にすると

蘭！心配すんな

新一…

し、

大船に乗った気でいろ!!

オレがついてる!!

……

必ず真実が解き明かされるから…

大丈夫だよ

オレを信じて…

オレの声のとおりにしゃべれば…

SCENE　殺人事件解決の場面で不安になる蘭に、電話で新一からのはげましの声が届いています。
（コミックス15巻43ページ）

Don't worry, Ran!
ドウント　ワーリィ　ラン

心配いらないよ、蘭！

Don't worry. は、「心配いらない」と相手を安心させるときにかける言葉ね。何かについて心配いらないと言いたいときには、Don't worry about it.（そのことは心配しなくていいよ）のように、about を使うのよ。

SCENE **67** **Why?**（ホ）ワィ

そうよ――……私が殺ってやったのよ…
あのズル賢い金の亡者をね――……

これを英語にすると

で、で、でもどーして？
理由は簡単…
私の彼があの男に金を借り、返せなくなって首を吊ったから…

SCENE 殺人を犯した女の人に対して、男の人が、その理由をたずねています。
（コミックス15巻158ページ）

Why?

（ホ）ワィ

どうして？

Why? で「**なぜ、どうして**」と、相手に理由をたずねることができるよ。

ウェイト ア ミニット
Wait a minute.

これを英語にすると

ちょい待ち！

え…構いませんよ…

そのカードオレに切らせてくれないか？

よかったら他の方もどうです？

オレは昔から疑い深いたちなんでね…

どいつだ？どいつが怪盗キッドなんだ!?

SCENE マジシャンに対して、うたぐり深い客の1人が待ったをかけています。
（コミックス16巻143ページ）

ウェイト ア ミニット
Wait a minute.

ちょっと待ってください。

Wait a minute. は「ちょっと待ってください」の意味よ。単に「少し待ってもらう」だけでなく、相手の言動に対して、「それはちがうのでは？」と反論の意味をこめるときにも使うわ。

カーム　ダウン

これを英語にすると

彼は一体いつどーやってこんな物を…

キッドは神出鬼没…すべては謎というわけか…

ああ…わかっているのは…

奴がすでにこの中に紛れ込んでいるっていう事だけだ!!

皆さん冷静に!!

冷静に!

じゃあまさか…

奴はもう、本物の黒真珠のありかを…

万が一わかっていたとしてもここは洋上の監獄…

SCENE 船上パーティーに怪盗キッドがせん入していることがわかり、招待客たちが動ようしています。
（コミックス16巻148ページ）

カーム　ダウン　エヴリィワン

Calm down, everyone!

みなさん、冷静に！

calm down は「落ち着く」の意味だ。動ようしている人や、おこっている人をなだめるときなんかに使われるから、多くの場合で命令形になるぞ。

SCENE **70** ルック ライク
look like ～

SCENE 町で見かけた、新一によく似た男子高校生。実は怪盗キッドです。
(コミックス16巻164ページ)

ヒー ルックス ライク シンイチ ダズント ヒー
He looks like Shin-ichi, doesn't he?

かれは新一君に似ていますよね？

ルック ライク
look like ～ は「(～に) 似ている」を表すわ。ここでの、doesn't he? は「(かれは)～だよね」と相手に同意を求める表現よ。

How much ～?
<ハゥ> <マッチ>

これを英語に
すると

この湯のみ、
いくらぐらい
するんですか？

あのー

そうじゃのー
値をつけると
したら大体…

一千万!?

またまたぁ、
わかってらした
くせに！

あんな賭け
するんじゃ
なかったぜ…

一千万
ぐらいが
相場かのう
……

SCENE 人間国宝の陶芸家が作った湯飲み１つの値段に、小五郎たちがびっくりしています。
（コミックス16巻171ページ）

How much is this teacup?
ハゥ　　マッチ　　イズ　　ズィス　　ティーカップ

この湯飲みはいくらですか？

How much ～? は、「(～は) いくらですか」と、
<ハゥ> <マッチ>
相手にたずねるときに使います。金額だけでなく、
How much water do you drink a day? （1日にどの
<ハゥ マッチ ウォータァ ドゥー ユー ドゥリンク ア デイ>
くらい水を飲みますか) のように、「量」をたずねるこ
ともできるよ。

これを英語にすると

フム…となると残る問題点は…

この前大掃除しましたから…

それにしてもきれいにされてますな！…

棚に入ってるのは先生の作品だけじゃなく、オレらが造ったヤツも入ってるんだ…

奥様が使ったんならきっと僕らのだと思うけど…

SCENE 人がなくなった事件で、目暮警部が現場で事情を聞いています。(コミックス 17 巻 8 ページ)

ウィー クリーンド アップ ズィス プレイス ズィ
We cleaned up this place the
アザァ デイ
other day.

この前、私たちはこの場所をそうじしました。

the other day は「先日、この前」の意味よ。clean up 〜で「〜をすっかりきれいにする」を表すわ。

SCENE **73** # How about ～?

SCENE 伊豆のビーチに来ているコナンたち。そこで知り合った大学生たちに、シーサイドレストランでの昼食にさそわれています。（コミックス 17 巻 50 ページ）

How about Seaside Restaurant?

シーサイドレストランはどうですか？

How about ～? は「**(～は) どうですか**」と、相手に何かを提案するときに使うよ。～に動詞 play の ing 形を入れて、How about playing tennis?（テニスをするのはどう？）のように、「～するのはどうですか」とたずねることもできるぞ。

74 have fun
ハヴ　ファン

SCENE 強とう団の人質になっているとは知らない女の子が、電話口で父親に明るく答えています。
（コミックス 17 巻 102 ページ）

アイム　　　　　　　ハヴィング　　　　ア　　ラット　オヴ　　ファン　　　　ウィズ　　　ア

I'm having a lot of fun with a
フレンドゥリィ　　　　レイディ

friendly lady.
私は優しいお姉さんといっしょで、とても楽しいです。

have fun は「楽しむ」の意味よ。ここでは「とっても」を a lot of を使って表しているわね。

SCENE **75** # next to ～

これを英語にすると

SCENE 蘭たちが訪れた知人の家のとなりに住んでいたのは、俳優・沖田一でした。
(コミックス 17 巻 169 ページ)

He lives next to me.

かれは私のとなりに住んでいます。

next to ～ は「(～の) となりに」という意味だ。ここでは「となりに住んでいる」を「おとなりさん」と言い表しているよ。

SCENE

76 in front of ～

これを英語にすると
ここからカラオケボックスまで車で5分、走ったとしても15分はかかる…
あそこから30分も抜けた人はいないから、火をつけに往復できたのは車のキーを持っていた野口さんだけだけど…
車はカラオケボックスの前に停めてあったし…
3時前といえば、みんな駅のトイレに行ったり隣のコンビニで買い物したりしてたから…
車がなくなっていれば誰かが気づくはず…

SCENE 蘭やコナンたちが訪れた別そうで出火事件が発生。コナンがその原因を推理しています。(コミックス18巻69ページ)

The car was parked in front of the karaoke bar.

その車はカラオケボックスの前にとめてありました。

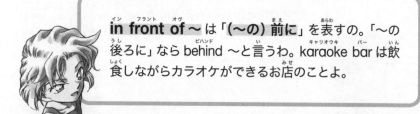

in front of ～は「(～の) 前に」を表すの。「～の後ろに」ならbehind ～と言うわ。karaoke barは飲食しながらカラオケができるお店のことよ。

SCENE

77 Where is your house?

(ホ)ウェア イズ ユァ ハウス

いっしょに帰ろ！
これを英語にすると
え？
スタスタスタ‥
放っとけよ！そんなツンツン女！
でも――……
あの――家はどこなんですか？引っ越して来たんでしょ？
遠慮しないで、わたし達が送ってってあげるから！

SCENE 転校してきた灰原に、光彦が声をかけています。（コミックス 18 巻 98 ページ）

(ホ)ウェア イズ ユァ ハウス

Where is your house?

あなたの家はどこですか？

Where is your house? は、相手に「**家はどこですか**」とたずねるときに使うよ。相手が「どこに住んでいるのか」をたずねるときには Where do you live? と聞くこともできるぞ。

Can we get to Shizuoka in three hours?

キャン ウィ ゲット トゥー シズオカ イン スリー アウァズ

私たちは3時間以内に静岡にとう着できますか？

get to 〜 は「（〜に）とう着する」という意味よ。
行き先は静岡なので、to のあとに Shizuoka を補っているわ。

SCENE **79**

You are kidding.

これを英語にすると

ええっ!? 広田先生が殺された!?
ハハ… そんなバカな…
さっきまで元気でおいでだったのに…
盛岡道夫(48) 獣医
細矢和宏(43) 証券会社課長
確か、奥さんと入れちがいにここへ来たのは細矢さん、あなたでしたね?
あ、はい…

SCENE 広田教授宅を訪れた知人が、教授が殺されたことを聞かされ、おどろいています。(コミックス18巻175ページ)

You are kidding.

じょう談でしょう。

You are kidding. は、相手の言ったことに対して「**じょう談でしょう、まさか**」と言うときに使うぞ。You must be kidding. とも言うよ。

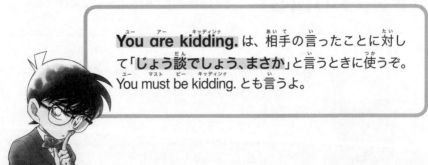

これを英語にすると

ええ… 新名先生の原稿は 毎週送られて 来ますよ…

その原稿って本当に新名先生が書かれた物なんですか？

丁度今夜はその日…

もうそろそろ送られて来るはずですが…

ええ…ワープロの文字ですが文体は正しく先生の物、毎回タイトルの横に直筆のサインが入ってますし…

なんなら見せましょうか？FAXの原稿…

SCENE 小説家夫妻がゆくえ不明に。そのむすめから捜索をたのまれた小五郎が、小説家と付き合いのある出版社で事情を聞いています。（コミックス19巻32ページ）

Mr. Shinmei sends us his manuscript every week.
ミスタァ シンメイ センヅ アス ヒズ マニュスクリプト エヴリィ ウィーク

新名先生は毎週、私たちに原こうを送ってきます。

every week は「毎週」の意味よ。weeks と複数形にはならないことに注意すること。manuscript は「(出版前の) 原こう」を指すわ。

leave a message

これを英語にすると

メッセージをお入れください…

まずは一人目…
影法師

SCENE 男のもとに1本の電話が…。すでに殺されていた男が電話に出られるはずもなく、留守番電話のメッセージが流れます。（コミックス20巻34ページ）

（コミックス20巻34ページ）

プリーズ　リーヴ　ア　メスィッヂ

Please leave a message.

メッセージを残してください。

leave a message は「メッセージ（伝言）を残す」の意味だ。「コナンにメッセージを残す」なら leave a message for Conan のように for を使うぞ。

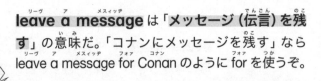

SCENE **82** ゲス (ホ)ワット

Guess what.

これを英語にすると
そして その三日後…
ねえ蘭！ 聞いて聞いて!!
また見つけちゃったのよ！ インターネットでいい男♡
へー 今度はなんの仲間？
盆栽よ 盆栽♡
こりねー奴…

SCENE ネット上の出会いから事件に巻きこまれた園子でしたが、こりずにまた、ネットで新たな出会いが…。（コミックス20巻112ページ）

ゲス (ホ)ワット

Guess what.

ねえ、聞いて。

Guess what. は、「**ねえ、聞いて**」と会話を切り出すときによく使われる表現なの。「何だと思う？」の意味をこめて使われることが多いわ。

Attention, please.
(アテンション) (プリーズ)

これを英語に
すると

お客様に
御連絡致します…

只今当機内に
急病の方がおられます…
お客様の中に
お医者様か看護婦の方が
いらっしゃいましたら
近くの客室乗務員に
お知らせください…

Ladies and
Gentlemen…

あ、
すみま
せん…

SCENE 飛行機の機内放送で、乗客に対して客室乗務員がきん急の連らくをしています。
（コミックス21巻66ページ）

Attention, please.
(アテンション) (プリーズ)

ご案内があります。

Attention, please. は、公共の場などで「ご案内
があります」とアナウンスするときに使われるよ。
May I have your attention, please? とも言うけど、
これはよりていねいな言い方だな。

SCENE **84** **May I ～?**

あれ？ 奥さんもごいっしょじゃあ…
ちょっと銀行の方に用がありまして妻とはここで落ち合う事になっていたんですが…まだ来ていませんか？
ええ…
変だなぁ…
まだ寝ているのかな？
これを英語にすると
ちょっと電話をお借りしても構いませんか？
……どうぞ

SCENE 警視庁に来ている男の人が、自宅に電話をかけようとしています。
(コミックス21巻130ページ)

May I use your phone?

電話をお借りしてもいいですか？

May I ～? は「**～してもいいですか**」と、相手に許可を求める表現よ。16ページに出てきたCan I ～? よりも、ていねいな感じになるわね。

SCENE 85 lots of ～

これを英語にすると
うわァ——えらい人やなァ…
お祭りでもやってんのん？

SCENE 上京した平次と和葉が、渋谷の人混みにおどろいています。（コミックス 21 巻 173 ページ）

Wow, lots of people ...

わぁ、たくさんの人だ…。

lots of ～は「**たくさんの～**」の意味だ。81 ページに出てきた a lot of ～と同じ意味だけど、lots of ～のほうが、くだけた言い方なんだ。

ワント トゥー
want to 〜

これを英語に
すると

なーに
ちょいと海を
見たくなって
な…

わー
おひさし
ぶりです！

おお
蘭ちゃんか？
えらく
ベッピンに
なったァ…

しかしなんで
ここへ？

ホラ、
今日は
特別な日
だろ？

特別
な日？

ハッハッ
ハッ！

10年前に
刑事を辞めた
おまえが、
忘れちまうのも
無理ねェか…

SCENE イルカを見るツアーに参加した小五郎と蘭。そこで、小五郎の元上司と再会しました。
（コミックス23巻64ページ）

アイ ヂャスト ワント トゥー スィー ズィ オウシャン
I just want to see the ocean.
私はただ、海が見たいだけです。

ワント トゥー
want to 〜 で「〜したい」を表すの。〜には動詞
の原形が入るわ。

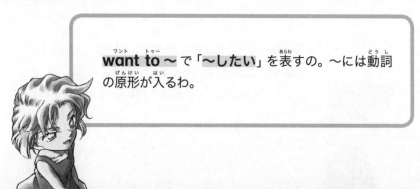

これを英語にすると

ワシは あきらめん ぞ…

毛利…

あと一時間 切ったか…

くそっ…

野郎ォ… いったいどこに 消えやがった!?

いや 全然…

は、

はい…

絶対に!!

このヤマだけは、最後の1分1秒まで…

アイ ウォウント ギヴ アップ
I won't give up.

私はあきらめたくないです。

give up は「あきらめる」という意味だよ。won't は will not を短縮したものだけど、ここでは「どうしても〜しようとしない」という強い意志を表しているぞ。

SCENE 88 for a while

これを英語にすると
その手編みのセーター、しばらく貸していただけませんか?
え?
セ…
セーター?
ああ…構わないけど…
わーーありがとうございます!!
?

SCENE セーターの模様をすてきに思った蘭が、相手にそのセーターを貸してくれるよう、たのんでいます。(コミックス24巻102ページ)

Could you lend me your hand-knit sweater for a while?

しばらくあなたの手編みのセーターを貸してもらえませんか?

for a while は「**しばらくの間**」という意味よ。
「ちょっとの間」なら for a minute と言うわ。

トゥライ　　　　オン

これを英語にすると

それで？
着てみた？

ああ…
今、着てるよ…

あ、ありがとな！

クスクス…

なに笑ってんだよ？

ううんなんでもなーい♡

SCENE 手編みのセーターを新一におくった蘭。コナンが新一のフリをして、蘭にお礼の言葉を伝えています。(コミックス24巻104ページ)

ディッド　　ユー　　トゥライ　イット　　オン
Did you try it on?

あなたはそれを着てみましたか？

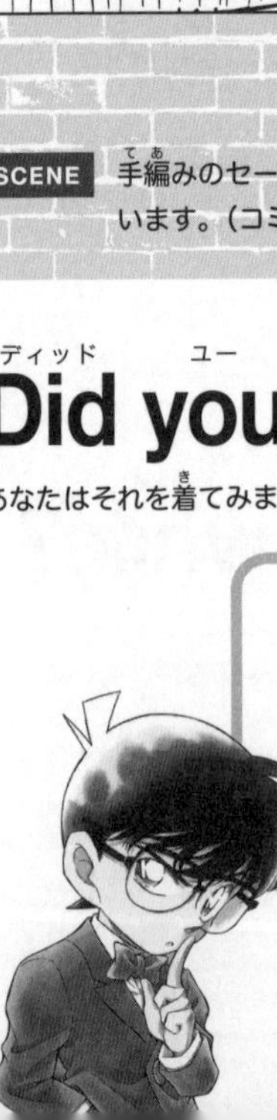

トゥライ　　　オン
try 〜 on で「(〜を) 身に着けてみる」を表すよ。
〜には服だけではなく、ぼうしやくつなども入るぞ。
ここでの it はセーターを指しているよ。

SCENE **90** アイ スィー
I see.

これを英語にすると

SCENE コナンの推理に灰原も納得したようです。（コミックス 24 巻 133 ページ）

アイ スィー
I see.

わかりました。

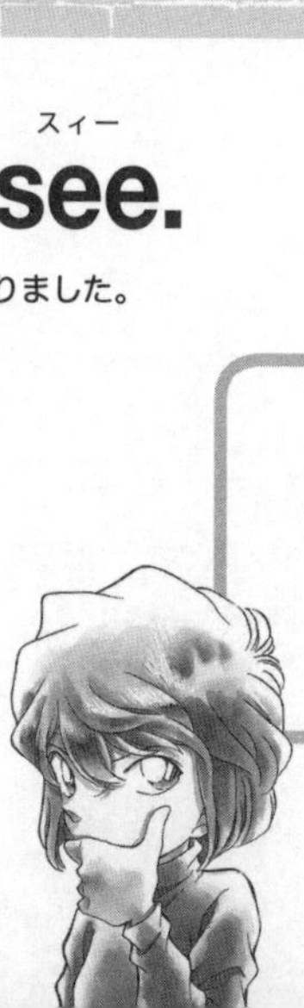

I see. は「**わかりました**」の意味で、相手の言うことや状きょうを理解したことを伝える表現よ。see が「見える」の意味だけで使われるのではないことに注意すること。

SCENE **91**

turn on ～

SCENE 映画上映中にとつぜん大きな音がして、来客たちがさわいでいます。
(コミックス24巻137ページ)

Turn on the light!

明かりをつけなさい！

turn on ～ は「**(～を) つける**」を意味するよ。～には「明かり (電気)」などが入るぞ。turn off ～の意味は覚えているかな？　52ページを見てみよう。

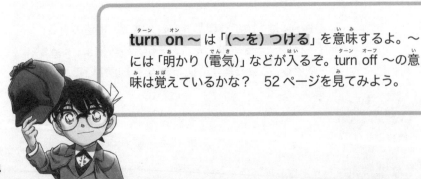

SCENE **92** クロウス トゥー

close to ～

これを英語にすると

とりあえずあなた方には別室で一人ずつじっくり話を聞かせてもらいましょうか…そうすれば、誰がこの遊園地に来ようと言い出したかわかるはず…
ちょ…
ちょっと待ってよ、ここに来るのはみんなで決めた事よ!
クレー射撃場から近いし…
前にもみんなで来て好評だったし…
まあまあ…それは事情聴取の時に…
いや…その必要はない…
現場を見た瞬間にピンときていたんだが、今の園子君の証言で確信しましたよ…
伊丹さんを銃殺した犯人が…

SCENE 銃による殺人事件の通報を受けてやって来た目暮警部が、遊園地に来ていた人に事情を聞いています。(コミックス25巻29ページ)

ズィス アミューズマント パーク イズ クロウス

This amusement park is close

トゥー ザ クレィ シューティング レインヂ

to the clay shooting range.

この遊園地はそのクレー射撃場から近いです。

close to ～ は「(～に) 近い」を表すの。このまんがのシーンでは、クレー射撃場に近いのがthis amusement park (この遊園地) であることを省略しているのが分かったかしら。

SCENE **93** # help ～ with ...

これを英語にすると
遅いの—…
どこまで拾いに行っとるんじゃ…
森の中でも探検してるんじゃないの？
好奇心旺盛な探偵さんが引率者だし…
それより博士、
料理の準備手伝ってよ！
あ、ああ…

SCENE キャンプにやって来たコナンと少年探偵団。灰原と阿笠博士以外は、たきぎにする枝を拾いに行っています。（コミックス 25 巻 153 ページ）

Please help me with preparing dinner.

夕食の準備を手伝ってください。

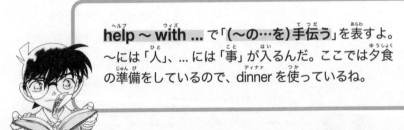

help ～ with ... で「（～の…を）手伝う」を表すよ。～には「人」、... には「事」が入るんだ。ここでは夕食の準備をしているので、dinner を使っているね。

おう！ボウズが大ケガしたっちゅうから、学校帰りに飛行機乗って来たったんや！

それでどうなん？具合…

順調に回復してて二、三日後には退院できるって！

これを英語にすると

まあええ！とにかく別のええ花買うて来いや！

なんやのえっらそーに…

和葉が道に迷わんよーに姉ちゃんから案内したってくれや!!

はいはい…

はいはい…

SCENE けがで入院しているコナンを、平次と和葉が見まいに来ました。（コミックス26巻14ページ）

<ruby>ヒール<rt></rt></ruby> <ruby>ビー<rt></rt></ruby> <ruby>エイブル<rt></rt></ruby> <ruby>トゥー<rt></rt></ruby> <ruby>リーヴ<rt></rt></ruby> <ruby>ザ<rt></rt></ruby> He'll be able to leave the <ruby>ハスピトゥル<rt></rt></ruby> <ruby>イン<rt></rt></ruby> <ruby>ア<rt></rt></ruby> <ruby>フュー<rt></rt></ruby> <ruby>デイズ<rt></rt></ruby> hospital in a few days.

かれは2、3日後には退院できそうです。

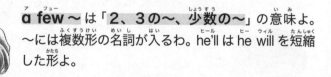

<ruby>ア<rt></rt></ruby> <ruby>フュー<rt></rt></ruby> a few 〜 は「2、3の〜、少数の〜」の意味よ。〜には複数形の名詞が入るわ。he'll は he will を短縮した形よ。

SCENE

95 Why not?

(ホ)ワィ　ナット

これを英語にすると

スマンけどオレ、行かれへんわ…
え——何でなん？
その日、用事があるんや…
抜けられへん大事な用事がなぁ…

SCENE 学園祭へとさそう和葉に、平次がつれなく答えています。
(コミックス 26 巻 18 ページ)

(ホ)ワィ　ナット

Why not?

どうしてそうではないのですか？

Why not? は「どうしてそうではないのですか」という意味で、相手の発言が否定的な内容のときに、その理由をたずねるよ。ここでは、平次が「行かれへん（行けない）」と、否定的な発言をしているな。

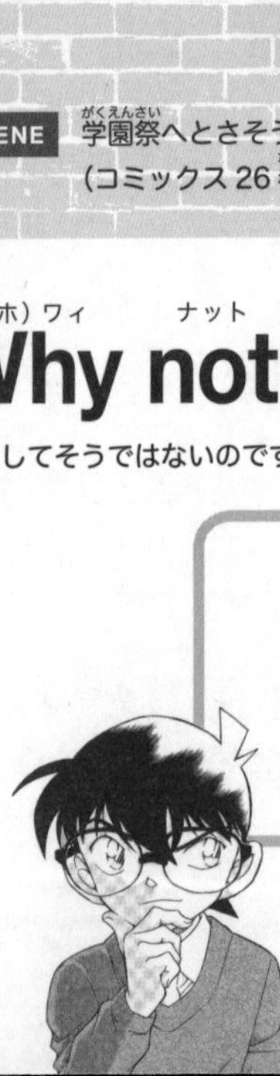

SCENE 96 be proud of 〜
ビー　ブラウド　オヴ

これを英語にすると

あなたの事、誇りにさせてもらうわよ…

同じ高校のOGとして

参ったわね…

まあそれも彩子さんがアイスコーヒーをコーラに替えてくれてたおかげですけど…

………

………

さあ、後は署の方で…

SCENE 蘭たちの学園祭で起きた毒殺事件。新一にトリックを見破られた犯人が、新一に対して語りかけています。（コミックス 26 巻 70 ページ）

I'm proud of you.
アイム　ブラウド　オヴ　ユー

私はあなたをほこりに思います。

be proud of 〜 ビー　ブラウド　オヴ で「(〜を) ほこりに思う」を表すの。ここでは主語が I なので、be は am となっているわね。I'm はアイム I am を短縮した形よ。

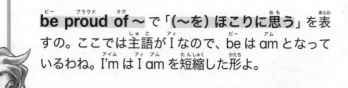

SCENE **97**

for *oneself*

SCENE 傷害事件が発生した現場で、通報を受けてやって来た警察官と小五郎が話し合っています。（コミックス26巻151ページ）

Do you want to see it for yourself?

あなたは自分でそれを見たいですか？

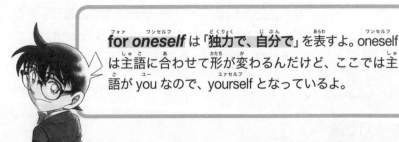

for *oneself* は「**独力で、自分で**」を表すよ。oneself は主語に合わせて形が変わるんだけど、ここでは主語が you なので、yourself となっているよ。

SCENE **98** **Can you ～?**

これを英語にすると

すみませーん
車ズラしてもらえます？
おっと！いけね…
ダッ
なんなら家の中に入れちゃってください…
ここはこの辺の方達の帰り道になっていますので…
わかりました…
何かあったんですか？緒方さん…
いやちょっと泥棒に…
ガチャ

SCENE 緒方宅の入り口にとめてあるパトカーのせいで、車が通れなくなった運転手が声をかけています。（コミックス 26 巻 152 ページ）

Can you move the car?

車を動かしてもらえますか？

Can you ～? は「**～してくれますか**」と、親しい間がらの相手にたのむときに使う表現ね。ここでは車に乗っている人が、「何かあったんですか？　緒方さん…」と声をかけているので、２人は顔見知りだとわかるわね。

その話なら彼女から何度も聞いたよ！おととしのクリスマスにジイさんがこっそり渡したっていうアレだろ？

でもあのオルゴールは音が途切れているだけで別にお化けめいたところは…

あ、あの…

私がオルゴールを受け取ったのはおととしじゃなく去年のクリスマスなんですけど…

な！？

バ、バカなそんなはずはない！？

父が死んだのは去年の12月6日だよ？渡せるわけないじゃないか！！

これを英語にすると

SCENE オルゴールを去年のクリスマスに受け取ったと言う女性。しかしその時には、おくり主はすでになくなっていたのです。（コミックス26巻165ページ）

My father died on December 6, last year.
マイ ファーザァ ディド オン ディセンバァ スィックスス
ラスト イア

私の父は去年の12月6日になくなりました。

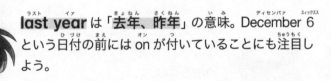

last year は「去年、昨年」の意味。December 6 という日付の前には on が付いていることにも注目しよう。

SCENE **100**

# of course

この謎を解いて「愁思郎」を捕まえてくれる人が現れたら、何でも願いを聞いちゃうのになー―って!
え?
な、何でも……
願いを…
これを英語にすると
じゃーわかったらうな重1000杯食わしてくれるか?
ええもちろん!
わたし、トロピカルランドのお城に住みたーい♡
それなら僕は国際宇宙ステーションの搭乗券を…

SCENE 佐藤刑事は、じゅん職した父の追っていた事件の謎を解き、犯人をつかまえてくれる人が現れることを期待しているようです。（コミックス27巻66ページ）

Yes, of course.

はい、もちろんです。

of courseは「**もちろん**」という意味よ。ここでは小嶋君たちの願いを「もちろん」OKだと答えているわね。

SCENE 51〜100までに出てきた英熟語を、これまでに登場したまんがの
場面を思い出しながら、答えてみよう！

わかるかな？

Q 11

You're ☐.

そうですね、そのとおり。

☐ の中に入る単語を次の中から選んでみよう！ ⬇

❶ left ❷ right ❸ night

（コミックス 12 巻 62 ページ）

わかるかな？

Q12

No □ ！

絶対にいや！

□の中に入る単語を次の中から選んでみよう！➡

❶ way ウェイ ❷ street ストゥリート ❸ road ロウド

（コミックス14巻88ページ）

SCENE 51〜100までに出てきた英熟語を、これまでに登場したまんがの場面とは
ちがう場面を見ながら、答えてみよう！少し難しいけど、君ならできる!!

わかるかな？

Q 13

This □, Kogoro!
ズィス　　　　　コゴロウ

こっちです、小五郎おじさん！

□ の中に入る単語を次の中から選んでみよう！

❶ always　オールウェイズ | ❷ away　アウェイ | ❸ way　ウェイ

これを英語にすると

（コミックス90巻67ページ）

Q **14**

Don't [ ] .
ドゥント

心配ないよ。
しんぱい

[ ] の中に入る単語を次の中から選んでみよう！ ↓
なか はい たんご つぎ なか えら

❶ worrying
ワーリィイング

❷ worry
ワーリィ

❸ worried
ワーリィド

今のような一般人にも…
いま いっぱんじん

言葉遣いだけで母国がバレてしまう…
ことばづか ぼこく

この世に安全な国なんてないんだよ母さん…
よ あんぜん くに かあ

これを英語にすると
えいご

父を消した奴らに俺の正体がバレる前に、奴らを1人残らず地獄の底に…
ちち け やつ おれ しょうたい まえ やつ ひとり のこ じごく そこ

なーに心配するな…
しんぱい

バレバレだよ！

（コミックス 92 巻 29 ページ）
かん

Q15

Please ▢ down.
プリーズ　　　　ダウン

落ち着いてください。
お　つ

▢ の中に入る単語を次の中から選んでみよう！　→
なか はい たんご つぎ なか えら

❶ calm　　**❷ fall**　　**❸ stop**
カーム　　　　フォール　　　　スタップ

（コミックス7巻48ページ）
かん

128　答えは 388 ページ
こた

わかるかな？

Q 16

アイ　カム　イン

I come in?

なか はい
中に入ってもいいですか？

なか はい たんご つぎ なか えら
の中に入る単語を次の中から選んでみよう！

メイ
❶ May ｜ ハヴ
❷ Have ｜ アム
❸ Am

えいご
これを英語に
すると

なか はい
中に入っても
構いませんか？

ええ！
あなた
1人なら…

すこ はなし
少し話を
したいん
ですが…

もう わけ
申し訳
ありませんが、
そと ま
外で待たれてる
づ かた
お連れの方達は
えんりょ
ご遠慮
ねが
願います…

かん
（コミックス85巻22ページ）

わかるかな？

Q 17

I want ＿＿ see the woman.

私はその女性に会いたいです。

＿＿の中に入る単語を次の中から選んでみよう！↓

❶ in ❷ on ❸ to

それって何て店？
4階のSIMUSAって店だったよ…
ねぇこれから行ってみない？
そのオバさん見てみたいしさ！
よしなよ！せっかく可愛い水着買えていい気分なんだから！
水着…
ねえ世良の姉ちゃん…
ん？
今日、最初に着てた水着って…
これを英語にすると

（コミックス91巻159ページ）

Q 18

I ▭.

わかりました。

▭の中に入る単語を次の中から選んでみよう！↓

❶ watch ❷ see ❸ look

（コミックス53巻136ページ）

阿笠博士のつぶやき

mansionと「マンション」はちがう

アメリカ人やイギリス人に「私はマンションに住んでいる」と言うと、とてもおどろかれることがあるぞ。実は、mansionはハリウッドの映画スターが暮らすような、プールがあったりするごうかな大てい宅を意味するからなんじゃ。『名探偵コナン』に出てくる鈴木財ばつの経営者たちの屋しきなどは、mansionと言ってもよいじゃろう。じゃが、日本でいう「マンション(共同住宅)」は、建物ならapartment building、個々の世帯の部屋ならapartmentまたはcondominiumと言うんじゃ。たとえ高層マンション最上階の広くてごうかな部屋に住んでいたとしても、luxury apartmentとなり、mansionとは言わないぞ。ちなみに、luxuryは「高級」という意味じゃよ。

FILE 3

SCENE 101〜150

カポネ…
そーいえば あの人… カポネが いた街で 育ったって 言ってたな…

Good luck… (幸運を祈る…)
レオナルド・ロッシ(30) プロレスラー (ネガウルフ)

互いにわかり 合っている と いうか…
二人だけの 世界というか…

101 go into 〜
ゴゥ　イントゥー

SCENE 犯人がいるかもしれない居酒屋の前に、佐藤刑事と少年探偵団がとう着しました。
（コミックス 27 巻 80 ページ）

Let's go into it now!
レッツ　ゴゥ　イントゥー　イット　ナゥ

さぁ、その中に入りましょう！

go into 〜 で「（〜の）中に入る」を表すよ。ここでの it は、これから入ろうとしている「居酒屋」を指すよ。

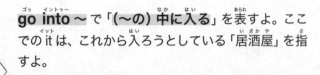

SCENE **102** アフタァ スクール
after school

SCENE 帝丹高校にやって来たジョディ先生は、日本のゲームが大好きなようです。（コミックス 27 巻 115 ページ）

ユー ケイム トゥー ズィス ゲイム アーケイド アフタァ スクール エヴリィ デイ

You came to this game arcade after school every day?

あなたは放課後に毎日、このゲームセンターに通っていましたか？

after school は「**放課後**」の意味よ。「ゲームセンター」は game arcade と言うわ。ふつうの言い方でも、このように疑問文として使われることがよくあるわよ。でも、最後は上げ調子で言うわ。

SCENE 103 each other

え？
灰原さんとコナン君って何かあるんですか？
何かって？
だってホラ、二人でよく人目を忍んでアダルトな会話をしているじゃないですか…
互いにわかり合っているというか…
二人だけの世界というか…
これを英語にすると

SCENE 灰原とコナンの親密な関係性を、光彦が不思議に思っています。
(コミックス 27 巻 170 ページ)

You two understand each other.

あなたたち2人はおたがいに理解し合っています。

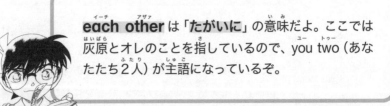

each other は「たがいに」の意味だよ。ここでは灰原とオレのことを指しているので、you two（あなたたち2人）が主語になっているぞ。

at home

ちなみに、近所の新聞販売店に確認しましたところ、ここへ配達したのは6時頃との事です！

ウーム…今日放送の時代劇が台所のビデオで録りっ放しになっていた事と、放送時間を踏まえると…

犯行時刻は恐らく朝8時から45分の間…

これを英語にすると

い、家で寝てたよ…

さっきから挙動のおかしいあなたの朝8時頃のアリバイを……

吉川さん…

ではお聞きしましょうか

あ、当たり前ですよ！

ええ…

つまり奥さんに犯行は不可能という事ですな…

SCENE 殺人事件の犯人ではないかと疑われた吉川が、刑事からアリバイを求められています。
（コミックス28巻60ページ）

<ruby>I<rt>アイ</rt></ruby> <ruby>was<rt>ワズ</rt></ruby> <ruby>sleeping<rt>スリービング</rt></ruby> <ruby>at<rt>アット</rt></ruby> <ruby>home<rt>ホウム</rt></ruby>.

私は家でねていました。

at home は「家にいて、在宅して」の意味よ。at house とは言わないことに注意するのよ。

SCENE **105**

talk with ～

これを英語にすると
おい奈緒子、帰り道気をつけろよ…
大丈夫よ、私にはこの儒艮の矢があるから…
あの…約束した沙織の家、これから行ってみます？
でも家主があの状態じゃあ…
ヒック
じゃあ命様に会わせてよ！
ボク、あのおばーさんといっぱいお話したいしさ！

SCENE 事件のカギをにぎる老婆（命様）の元に、コナンは行きたがっています。（コミックス28巻116ページ）

I want to talk a lot with that old lady.

私はあのおばあさんとたくさん話がしたいです。

talk with ～ は「**(～と) 話し合う**」の意味。ここでは「いっぱい」を a lot で表しているね。

そうやな…
オレは三人共
儒艮の矢がらみで
殺されたり、
逃げまわってて
踏んでんねやけど…

番号札の数を
間違えないように、
毎年名簿に
名前を書いて
もらってるのよ…

これっかしは
誰が何番の札を
持っとったかが
わからんと…

あら、
それなら
わかるわよ！

あんな事があったから
今年はまだ当選者を
チェックしてないけど…

もちろん
や！

なんなら
その名簿
今から
見に来る？

これを英語に
すると

SCENE　当選者が記された名ぼに、事件を解くカギがかくされているようです。
（コミックス28巻 131 ページ）

Do you want to come and see the list now?
ドゥー　ユー　ワント　トゥー　カム　アンド　スィー
ザ　リスト　ナゥ

あなたは今、そのリストを見に来たいですか？

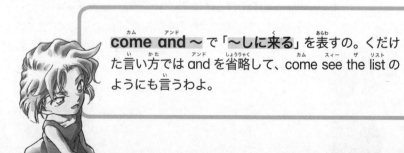

come and ～ で「～しに来る」を表すの。くだけた言い方では and を省略して、come see the list のようにも言うわよ。

SCENE

107 so much

これを英語にすると
たまたま乗り合わせた知らない子だよ！
すごく怖がってるから、そっとしといてあげて…
Oh〰〰ごめんなさ──い！

SCENE コナンたちの乗ったバスが、バスジャックされました。灰原は、自分を追う組織の気配を感じておびえています。（コミックス29巻66ページ）

She is scared so much.

かの女はとてもこわがっています。

so much は「**とても、非常に**」を表すよ。フードをかぶっているのは灰原なんだ。女の子なので主語は she となっているよ。scared は「おびえた、こわがった」の意味だ。

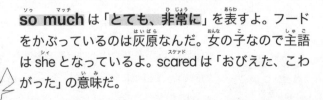

これを英語にすると

ホラ　おまえら！

このスキーウェアに着替えて床に座れ！

このゴーグルと帽子も忘れるなよ！

少しの間オレ達の身代わりになって時間を稼いでもらうんだよ…

解放された乗客の振りをしてバスから降りて逃げる、オレ達の時間をな…

心配しなくてもおまえらが犯人じゃないって事は他の乗客が後で証言してくれるさ…

SCENE　バスジャック犯が、人質に向かって命令しています。（コミックス29巻75ページ）

チェインヂ　イントゥー　ズィーズ　スキー　スーツ
Change into these ski suits
アンド　スィット　ダウン　オン　ザ　フロア
and sit down on the floor.

このスキーウェアに着がえて、ゆかに座りなさい。

sit down は「座る、着席する」の意味。ここでは2人分のスキーウェアがあるので、these ski suits と複数形になっているわね。

まぁ…

だから大好きなクリスティをお姉さんが連れて帰らないように、靴をどこかに隠そうとしたってわけさ！

これを英語にすると

でも大丈夫ですよアーサー…

私もクリスティもあなたの御主人が行くロンドンへ行く事にしましたから…

SCENE　犬のアーサーは、大好きなめす犬のクリスティが連れて行かれないように、飼い主のくつをかくそうとしました。（コミックス 29 巻 141 ページ）

Both Christie and I are going to London with your master.
ボウス　クリスティ　アンド　アイ　アー　ゴウイング
トゥー　ランダン　ウィズ　ユア　マスタァ

クリスティも私も、あなたのご主人といっしょにロンドンに行きます。

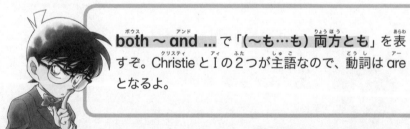

both 〜 and ... で「（〜も…も）両方とも」を表すぞ。Christie と I の 2 つが主語なので、動詞は are となるよ。

SCENE **110** イッツ オウケィ

It's OK.

SCENE 平次がコナンをパーティーに来るよう、さそっています。（コミックス29巻145ページ）

イッツ オウケィ

It's OK.

だいじょうぶです。

It's OK. で「**だいじょうぶ、かまわない**」を表すわ。
「オーケー」は日本語としても使われているわね。

SCENE **111**

cheer ～ up

はまってる…
美和子のヤツはまってるわ…
私の仕掛けた、
ラブラブチケット大作戦に♡
よーしさっそくもう一人の減給野郎に「脈あり」の一報を入れて、
元気づけてやっか!

これを英語にすると

SCENE 宮本由美が、落ちこんでいる高木刑事をはげまそうとしています。
(コミックス 30 巻 55 ページ)

I'll cheer him up.

私がかれを元気づけます。

cheer ～ up で「**(～を) 元気づける**」を表すよ。Cheer up! で「がんばれ、元気を出せ」と、相手をはげますときにも使うぞ。him は高木刑事のことだね。

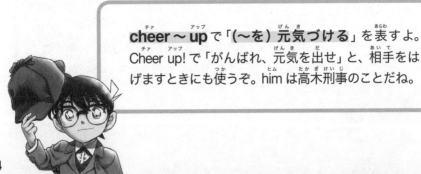

SCENE 112 be interested in ～

これを英語にすると

悪いが
俺は降りる
ぜ…

宝捜しには
興味が
ないんでね…

フン！
ここは
海の真ん中の
離れ小島じゃ
ねぇ…

で、でも
ここから
どーやって…

山ん中を
駆けずり回りゃ
運が良ければ
助かるさ…

じゃあ
アバヨ
探偵諸君！

SCENE 怪盗キッドが、謎解きを競わせるために6人の探偵を館に招きました。
（コミックス30巻89ページ）

I'm not interested in the treasure hunt.

アイム　ナット　　　インタラスティド　　　　イン　　ザ
トゥレジャァ　　　　ハント

私は宝探しに興味はありません。

be interested in ～で「（～に）興味を持っている」の意味よ。ここでは「興味がない」と言っているので、否定文になっているわね。

あなたの名を騙って晩餐会を開いたおわびにね…

あなたを助けてあげたのさ…

え?

あの子達から…

おいバアさん!死に急ぐには年食い過ぎてんじゃねーのか?

バカ言ってんじゃないよ!

こーでもしなきゃ、あなた逃げられなかったよ…

これを英語にすると

SCENE ヘリコプターから落下した探偵の女を、パラグライダーで怪盗キッドが救出しています。
（コミックス30巻 124ページ）

You couldn't get away.
<ruby>ユー クドゥント ゲット アウェイ</ruby>

あなたはにげることができませんでした。

get away は「にげる」を意味するよ。「～からにげる」なら from を使って、get away from here（ここからにげる）のように言うよ。

SCENE 様子のおかしい元太を、担任の先生が心配してます。
（コミックス 30 巻 131 ページ）

Genta is afraid of something.

ゲンタ　イズ　アフレイド　オヴ　サムスィング

元太君は何かにおびえています。

be afraid of ～ は「(～を) こわがっている」を表すわ。afraid の代わりに scared を使った be scared of ～も同じ意味よ。

ビー　アフレイド　オヴ

アフレイド　か　スケアド　つか　ビー　スケアド

オヴ　おな　いみ

SCENE **115**

look forward to ～

これを英語にすると
でも、信じられません…
ザワ
ザワ
あの加藤さんが自殺するなんて…
僕もそう思います…
彼はこの大阪に来るのを楽しみにしてましたから…
あら…
人間なんて腹の中で何考えてるかわかんないわよ…
もしかしたら、太閤さんの縁の地で自決する覚悟を決めていたかもしれんしのォ…

SCENE 加藤がなくなったのは自殺ではなかったのではないかと、周りの人たちが話しています。（コミックス32巻11ページ）

He was looking forward to coming to Osaka.

かれは大阪に来るのを楽しみにしていました。

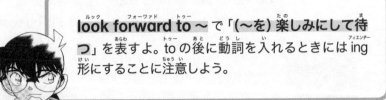

look forward to ～ で「(～を) 楽しみにして待つ」を表すよ。toの後に動詞を入れるときにはing形にすることに注意しよう。

116 Be quiet!

ビー クワイアット

これを英語にすると

シーッ、静かに…

ボク、ちょっとトイレ…

シーッ

もー他人事だと思って、面白がっちゃってー！

……………

なんか、大変な事になってきちゃったわね♡

SCENE 蘭と園子がおしゃべりをやめるように注意されています。

（コミックス 33 巻 11 ページ）

Be quiet!

ビー クワイアット

静かにしなさい！

Be quiet! は「静かにして」と、相手に注意したりするときに使うのよ。

ビー クワイアット

SCENE 117 grow up

グロゥ　アップ

これを英語にすると

カポネ…

そーいえば　あの人…　カポネが　いた街で　育ったって　言ってたな…

コナン君、置いてっちゃうよー！

あ、おう！

SCENE 友人たちと歩きながら、過去のことをコナンが回想しています。
（コミックス 33 巻 42 ページ）

He grew up in the same town as Capone did.

ヒー　グルー　アップ　イン　ザ　セイム　タウン
アズ　カポウン　ディッド

かれはカポネが育った街で育ちました。

grow up は「成長する」の意味。grew は grow の過去形だ。最後のdid は、grew up をくり返す代わりに使われているぞ。ここで出てくるカポネは、アル・カポネという、アメリカのシカゴをきょ点としていたギャングのことだよ。

SCENE **118** ヂャスト ア ミニット
just a minute

SCENE 小五郎の探偵事務所に、依頼人が来たようです。(コミックス 33 巻 108 ページ)

ヂャスト ア ミニット プリーズ
Just a minute, please.

ちょっと待ってください。

just a minute は「**ちょっと待ってください**」と言うときに使うわ。ここでは please を付けて、少していねいな感じにしているわね。

SCENE **119**

not ～ anymore

これを英語にすると

SCENE コナンはもう、蘭を悲しませたくないようです。
（コミックス33巻142ページ）

I don't want to see her tears anymore.

私はこれ以上、かの女のなみだを見たくありません。

not ～ anymore で「**これ以上～でない**」を表すよ。anymore は any more と2語にすることもあるぞ。

120 believe in 〜
ビリーヴ　イン

Do you believe in heaven ?

（天国って
あると思う？）

これを英語に
すると

Can you tell me,
please,Gin ?

（ねぇ…答えて
ジン…）

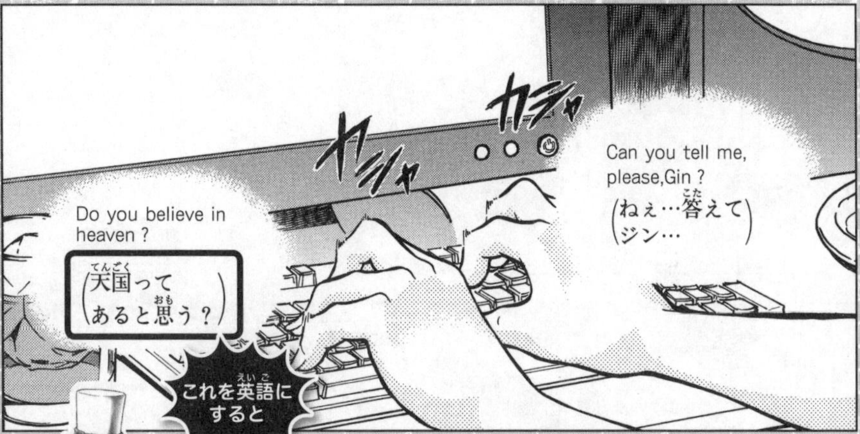

SCENE 女が電子メールで相手に質問を投げかけています。
（コミックス 34 巻 20 ページ）

Do you believe in heaven?
ドゥー　ユー　ビリーヴ　イン　ヘヴン

あなたは天国の存在を信じますか？

believe in 〜 は「（〜の）存在を信じる」の意味よ。
〜の前に in があることに注意するのよ。

SCENE **121**

Who is it?

SCENE 平次がうっかりジョディ先生の部屋のチャイムをおしてしまいました。
(コミックス34巻34ページ)

Who is it?

どなたですか?

Who is it? は、ドアの向こう側にいるなど、相手の顔が見えないときに、「**だれですか**」とたずねる表現なんだ。

122 take a picture
テイク　ア　ピクチャァ

SCENE　刑事がやって来る前に、もうすっかり事件現場を調べていたコナンたちです。
（コミックス 34 巻 49 ページ）

I took a lot of pictures.
アイ　トゥック　ア　ラット　オヴ　ピクチャァズ

私はたくさんの写真をとりました。

take a picture は「写真をとる」の意味よ。ここでは「いっぱいとった」ので、a picture ではなく複数形の pictures となっているの。

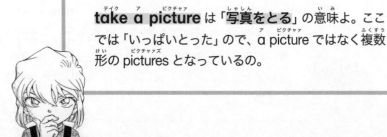

SCENE コナンたちはスタジアムでサッカーの試合を見て、これから帰るところです。
（コミックス34巻 86ページ）

<ruby>We<rt>ウィ</rt></ruby> <ruby>should<rt>シュッド</rt></ruby> <ruby>get<rt>ゲット</rt></ruby> <ruby>on<rt>オン</rt></ruby> <ruby>the<rt>ザ</rt></ruby> <ruby>return<rt>リターン</rt></ruby> <ruby>train.<rt>トゥレイン</rt></ruby>

私たちは帰りの電車に乗った方がいいです。

get on 〜 で「（〜に）乗る」を表すよ。〜には列車・バス・飛行機などの乗り物が入るぞ。「（〜から）降りる」はなんと言えばいいかな？ 162ページを見てね。

SCENE **124** **Me, too.**

これを英語にすると

ちょっと、ちょっと！
切符を買った時間で犯人にされちゃうわけ？
あらかじめ、帰りの切符を買ってたのは混雑を避けるためよ！
オレもそうだ！
僕も…
しかし、結局あなた方はサポーターで混み合う電車に乗っていたじゃないですか！
帰りの切符を持っていたんならどうしてすぐに駅へ行って混む前の電車に乗らなかったんだね？
だーかーらー…

SCENE 電車内で起きた殺人事件について、犯人の疑いがある３人が、警察に事情を聞かれています。（コミックス 34 巻 101 ページ）

Me, too.

私もそうです。

Me, too. は他人の発言を受けて、「**自分もそうです**」と言うときのくだけた表現よ。I, too. ではないことに注意すること。I を使って、I did too. と言うこともできるわ。

SCENE **125** # thank you for ～

Thank you for helping me!
（ありがとう！助かったわ！）
これを英語にすると
あ、いえ…
Oops! We've got a go…
（おっと、そろそろスタンバらないと…）
See you!
（じゃあね！）

SCENE ニューヨークのミュージカルを見に来た蘭は、ぶたいの天じょうからの落下物から、女優を救いました。（コミックス35巻12ページ）

Thank you for helping me!

私を助けてくれてありがとう！

thank you for ～ は「(～を) ありがとう」を表すよ。～には感謝の対象が入るんだ。ここでは「私を助けてくれたこと」が感謝の対象だ。

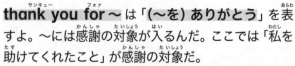

SCENE **126**

a little

SCENE ミュージカルのぶたいで殺人事件が発生。その真相を探る新一が、ぶたい装置を動かしてみることをぶたいスタッフにたのんでいます。（コミックス35巻36ページ）

If you move it a little, we'll see.

もしあなたがそれを少し動かせば、私たちはわかるでしょう。

a little は「**少し**」の意味。ここでの it は、次のコマの工藤君のせりふにある「ぶたい装置」のことを指しているわ。

SCENE

127 Don't do that!

これを英語にすると

スーッ
止めときな…
手負いって事は追っ手が近くにうろついてるって事…
消音器もなしに銃をぶっ放せば、あんたを追ってた警察がすっ飛んで来るぜ？
かといってオレもあんたを捕まえられる状況じゃない…
この場は見逃してやるけどよ…

SCENE 銃を撃とうとする男に対し、新一が警告しています。（コミックス35巻63ページ）

Don't do that!

それをするのはやめなさい！

Don't do that! は「**それをするのをやめろ**」という意味だ。Don't で文を始めると、「〜してはいけない」と、相手に対して何かを禁止する意思表示になるよ。

SCENE 128 ゴゥ キャンピング go camping

これを英語にすると

キャンプ？

今日はラジオ体操の後みんなでキャンプに行くのに…って言ってた

変ねえ…

光っちゃん行ってなかったの？

あら、

ええ…昨夜からはりきって用意してたわよ！

みんなにも食べてもらって笹だんごいっぱいデイパックに詰めて…

SCENE ラジオ体操の場所に姿を見せなかった光彦。心配したコナンたちは光彦の家を訪ねました。
（コミックス 35 巻 125 ページ）

ヒー イズ ゴウイング トゥー ゴゥ キャンピング ウィズ
He is going to go camping with
ユー アフタァ レイディオゥ エクサァサイズ
you after Radio Exercise.

かれはラジオ体操の後で、あなたたちといっしょにキャンプに行く予定です。

go camping は「キャンプに行く」の意味よ。go アイエンデー ～ing は「～しに行く」を表す表現で、206 ページと 228 ページにもあるわ。

これを英語に
すると

米花駅前だった
かなぁ？

えーっと
ありゃ…
確か…

ねえ、その子
どこで
降りたか
わかる？

こ、これ！

い、家出だ…
光彦のヤツ
やっぱ家出
したんだよ！

SCENE 朝からゆくえ不明の光彦。光彦が乗ったと思われるバスの運転手は、光彦のことを覚えていたようです。（コミックス35巻131ページ）

ドゥー ユー リメンバァ (ホ)ウェア ザ
Do you remember where the
ボーイ ガット オーフ ザ バス
boy got off the bus?
あなたは、その少年がどこでバスを降りたか覚えていますか？

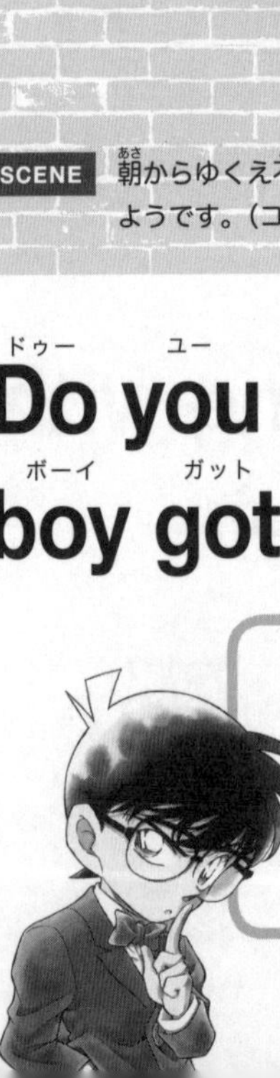

get off ～ は「（～から）降りる」を表すよ。～には乗り物が入るぞ。光彦はバスに乗っていたので、ここでは the bus としているな。「～に乗る」は156ページを見てみよう。

イン　ズィ　アフタァヌーン
in the afternoon

SCENE 佐藤刑事はばくだん犯からの犯行予告状を読んでいます。
（コミックス 36 巻 146 ページ）

イット ウィル エンド アット スリー インズィ
It will end at three in the

アフタァヌーン
afternoon.
それは午後3時に終了する予定です。

in the afternoon は「午後に」の意味よ。佐藤刑事が読んでいるのは、野球の試合に例えた犯行予告。it は野球の試合のことを指しているわ。

SCENE **131**

Good evening.

皆さん今晩は…
探偵の毛利小五郎でございます…
これを英語にすると

SCENE テレビ番組の収録中、小五郎がカメラに向かってあいさつしています。
(コミックス37巻24ページ)

Good evening, everyone.

みなさん、こんばんは。

Good evening. は「**こんばんは**」で、夕方や夜に人に会ったときのあいさつだよ。33ページのGood night. とのちがいに気をつけよう。

132 （ホ）ウィ ドゥント ユー
Why don't you 〜?

これを英語にすると

あのバッグの中の日記を見てみれば？

あれって板倉さんの日記でしょ？ボク達が来る前に誰かが訪ねて来たか書いてあるかもしれないよ!!

ん〜〜〜？

確かに日記と書いてあるが…

これはどうやって見るんだね？

机の上のノートPCで簡単に見れますよ。

だがオレが犯人だったら…

SCENE なくなった板倉がホテルの部屋に残したバッグの中には、「日記」のラベルがはられたディスクが…。（コミックス37巻104ページ）

（ホ）ウィ ドゥント ユー リード ザ ダイアリィ イン
Why don't you read the diary in
ザット バッグ
that bag? あのバッグの中の日記を見てみてはどうですか？

（ホ）ウィ ドゥント ユー
Why don't you 〜? は「〜してはどうですか」と、親しい人に提案する言い方よ。〜には動詞の原形が入るの。

SCENE **133**

Good luck.

SCENE プロレス会場に来ているコナン。トイレに行くとちゅうで、レスラーが試合に向かう仲間をはげましているところを目撃します。(コミックス 38 巻 88 ページ)

Good luck ...

幸運をいのります…。

Good luck. は「**幸運をいのります、がんばって**」と、人に声をかけるときに使うよ。Good luck to you. とも言うよ。

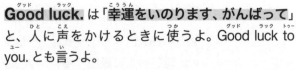

SCENE **134** all right

Is this all right？
（これでいいかい？）
レオナルド・ロッシ(30)
プロレスラー
（ネガウルフ）
あ、あなたは確か、マスカラ・コントラマスカラでウルフェイスに負けて姿をくらました…
レオナルド・ロッシ!?
Yes!
マスカラ…？
メキシコの覆面剥ぎマッチの事ですよ！負けた方がマスクを脱ぐんです！
いやあ驚いたなあ…引退したと思ったのに…
おまえのプロレス通の方が驚きだよ…

これを英語にすると

SCENE プロレス会場でレスラーが殺されました。ふく面をかぶっていたレスラー（ロッシ）に犯人の容疑がかかっています。（コミックス38巻104ページ）

Is this all right?

これで問題ないですか？

all right は「**問題ない、さしつかえない**」を意味するわ。相手から何かをたのまれたときに All right. と答えれば、「いいですよ、わかりました」という承だくの返事となるわね。

SCENE **135**

Could you ～?

(クッド ユー)

これを英語にすると

SCENE 財界人のだつ税を手伝っている女弁護士、伊藤美沙里。その証このテープを手に入れるための暗号の解読を平次にさせようとしています。(コミックス38巻166ページ)

Could you show it to me?

(クッド ユー ショウ イット トゥー ミー)

それを見せていただけませんか?

Could you ～? は「**～していただけませんか**」と、ていねいに相手にたのむ表現だ。前のコマで乱暴な言い方をしていた平次が、銃をつき付けられて口調を改めているな。

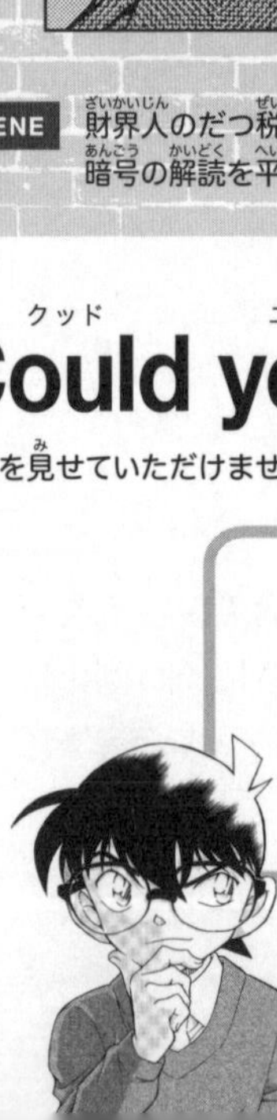

SCENE **136** **a lot**（ア ラット）

SCENE 歩美が電話でクラスメートに対して、自分はキャンプに行くのでウサギの飼育当番を代わってくれるようたのんでいます。（コミックス39巻88ページ）

I'll tell you a lot about the camp.

（アイル テル ユー ア ラット アバウト ザ キャンプ）

私はあなたにキャンプの話をたくさんしてあげます。

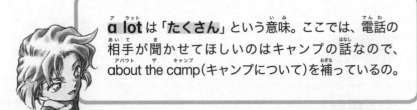

a lotは「**たくさん**」という意味。ここでは、電話の相手が聞かせてほしいのはキャンプの話なので、about the camp（キャンプについて）を補っているの。

SCENE **137** # between ～ and ...

頭部の出血からみて、恐らく何かに頭を強く打ちつけて亡くなったかと…
転落死ですか？
ええ…遺体の周りに木の枝が落ちていますからそうだとは思いますが…
こんなに出血しているのに、道路にはほとんど血痕が見当たらないんですよ…
確かに…
これを英語にすると
で？死亡推定時刻は？
夕方の5時から6時の間ってところですね…
それおかしいぞ!!

SCENE 遺体で発見された女性の死亡推定時刻について、医師と刑事が話し合っています。(コミックス39巻106ページ)

It was probably between five and six in the evening.

それはたぶん、夕方の5時から6時の間でした。

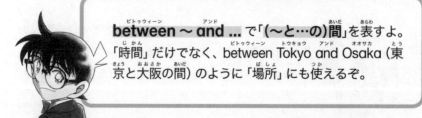

between ～ and ... で「(～と…の)間」を表すよ。「時間」だけでなく、between Tokyo and Osaka (東京と大阪の間) のように「場所」にも使えるぞ。

SCENE 138 no one ～

SCENE 少年探偵団が、死体を発見した時の様子を、目暮警部に話しています。
（コミックス 39 巻 107 ページ）

No one lay on the road then.

その時は、だれも道路にたおれていませんでした。

no one ～ は「**だれも～ない**」を表すの。lay は lie（横たわる）の過去形ね。形がかなりちがうから注意するのよ。

SCENE **139** アット ファースト
at first

SCENE キャンピングカーの車上から、阿笠博士の声にふんしたコナンが目暮警部に遺体の謎を解き明かしています。（コミックス 39 巻 130 ページ）

アット ファースト アイ ソート ソゥ トゥー
At first I thought so, too.

最初は、私もそう思いました。

at first は「**最初は**」の意味だ。I think so, too. は 86 ページに出てきたね。

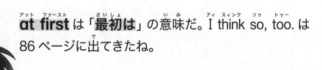

140 one of 〜
ワン　オヴ

小五郎の探偵事務所を訪ねてきたのは、ドラマや映画の子役で有名な絹川和輝でした。
（コミックス39巻142ページ）

I'm one of those people.
アイム　ワン　オヴ　ゾウズ　ピープル

私もその中の1人です。

one of 〜 で「（〜の中の）1つ（1人）」を表すの。

SCENE **141** # Let's ～.

これを英語にすると

それを泊まりに来たお客さんに頼んで、地元に帰った時に出してもらってたんだと思うよ！
そっか！ホテルか旅館なら日本中から人が来るし、宿帳を見ればどこから来たかわかるってわけね！
…となると母親はホテルの従業員か、旅館の仲居さんか…
とにかく熱海に行ってみよ！
行ってもいいが、見つけたらギャラは払ってくれるんだろーな？
ああ…たんまりあげるよ！ボク、その女と違って金持ちだもん…

SCENE 男の子から母親さがしの依頼を受けた小五郎たちは、手がかりがある熱海へ行くことに。
(コミックス39巻146ページ)

Let's go to Atami anyway.

とにかく熱海に行きましょう。

Let's ～. は「(いっしょに)～しよう」と、相手をさそうときに使う表現。～には動詞の原形が入るよ。anyway は「とにかく」の意味だ。

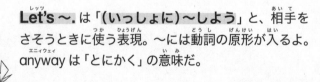

SCENE **142**

Take care.

SCENE 阿笠博士は40年ぶりに、昔のご近所の女性に出くわしました。
(コミックス40巻131ページ)

Take care.

お体に気をつけて。

Take care. は「**体に気をつけて、お大事に**」の意味で、別れるときのあいさつとして使われるの。

143 <ruby>for<rt>フォア</rt></ruby> <ruby>the<rt>ザ</rt></ruby> <ruby>first<rt>ファースト</rt></ruby> <ruby>time<rt>タイム</rt></ruby>

SCENE 阿笠博士は初恋の相手をさがすため、少年探偵団といっしょに動物園に来ています。
（コミックス40巻139ページ）

<ruby>I<rt>アイ</rt></ruby> <ruby>came<rt>ケイム</rt></ruby> <ruby>here<rt>ヒア</rt></ruby> <ruby>for<rt>フォア</rt></ruby> <ruby>the<rt>ザ</rt></ruby> <ruby>first<rt>ファースト</rt></ruby> <ruby>time<rt>タイム</rt></ruby> <ruby>today.<rt>トゥデイ</rt></ruby>

私は今日、ここに初めて来ました。

for the first time は「初めて」を表すよ。「来た」なので、come（来る）の過去形の came が使われているね。

144 fall down
フォール　ダウン

これを英語にすると

ドアを押し破って中に入ったら…

そして慌ててこのオーディオルームに駆けつけたんだけど部屋の中から銃声が二発聞こえて…

撃たれてバッタリ床に倒れたんです…

そうしたら急に幹雄さんが両手を上げて…

SCENE 殺人事件の様子を、監視モニターで見ていた蘭が目暮警部に説明しています。
（コミックス 41 巻 21 ページ）

He fell down on the floor.
ヒー　フェル　ダウン　オン　ザ　フロア

かれはバッタリとゆかにたおれました。

fall down は「たおれる、転ぶ」を表すの。ここではたおれたのは男性なので、主語を he としているわね。また、ここでは「たおれた」なので、fall の過去形の fell が使われているわ。

SCENE 145 be from ～

SCENE 高知の方言を聞いた有希子（新一の母親）が、男に出身地をたずねています。（コミックス41巻32ページ）

Are you from Kochi?

あなたは高知の出身ですか？

be from ～で「**（～の）出身である**」を表すよ。beは主語によって形が変わって、ここでは主語がyouなので、areとなっているな。疑問文であることに注意しよう。

これを英語にすると

いやぁ上町かえ？私、こんまい頃もようあこの鏡川へ泳ぎに行ったで！

ほうかよ！鏡川は、げにまっこときれいな川やったのう、坂本龍馬も、あこで泳げるようになっちゅうがよ！

と、土佐弁？

有希子って高知生まれだったかしら？

いや…女優やってた頃、龍馬の姉の乙女役をやった事があってその時に覚えたんだよ…

こーいう事には天才的だから熊本弁、東北弁名古屋弁なんかもペラペラ…

SCENE 男から情報を引き出そうと、有希子は土佐弁を使い、男と同郷のふりをして話しています。（コミックス41巻32ページ）

Sakamoto Ryoma learned to swim there.
サカモト リョウマ ラーンド トゥー
スウィム ゼァ

坂本龍馬もあそこで泳げるようになりました。

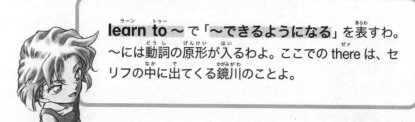

learn to 〜 で「〜できるようになる」を表すわ。〜には動詞の原形が入るわよ。ここでの there は、セリフの中に出てくる鏡川のことよ。
ラーン トゥー

SCENE 147 Here is 〜.

これを英語にすると

SCENE 依頼を受けた小五郎の代わりに、有希子と英理が事件を解決しました。小五郎にわたった報しゅうから、2人の報しゅうと生活費などを差し引いた額を、蘭がおつりとして小五郎に返しています。(コミックス41巻52ページ)

Here's your change.

おつりをどうぞ。

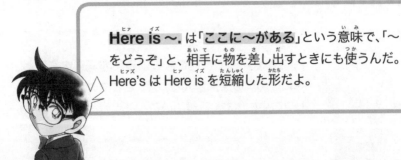

Here is 〜. は「ここに〜がある」という意味で、「〜をどうぞ」と、相手に物を差し出すときにも使うんだ。Here's は Here is を短縮した形だよ。

SCENE **148** **all day**

あ、新出先生か!?
その声は阿笠さんですね？
こりゃーラッキーじゃ!! コナン君が電話した時は留守だったそうじゃから…
これを英語にすると
コナン君が…？
変ですねぇ…今日は一日中家にいましたけど…
ああ…そういえば、トイレに入っている時に電話がありましたから、きっとそれでしょう…
それより、どうかされたんですか？
実は病気の女の子を一人抱えておってのォ…

SCENE 灰原の容体が悪くなったので、阿笠博士が医師の新出に電話をしています。
(コミックス41巻143ページ)

I stayed home all day today.

私は今日は一日中、家にいました。

all day は「**一日中**」という意味よ。day の後に long を入れて all day long とすることもあるわ。

これを英語にすると

あれ？
灰原は？
姿が見えねー
けど…

ああ…哀君なら
地下の研究室に
こもっておるよ…

おいおい、まだ風邪
治ってねーんだろ？
大丈夫じゃ！
ちゃんと暖房を
効かせておるし…
一人に
しておいた方が
いいと思っての…！

たぶんまた、
あのテープを
聞いておる
じゃろう
から…

SCENE 阿笠博士がりょう養中の灰原の様子を思いうかべながら言っています。
（コミックス42巻48ページ）

She is listening to that tape.
シィ イズ リスニング トゥー ザット テイプ

かの女はあのテープを聞いています。

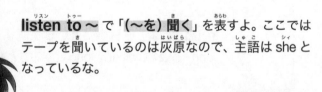

listen to ～ で「(～を) 聞く」を表すよ。ここでは
テープを聞いているのは灰原なので、主語は she と
なっているな。

SCENE **150**

What's up?

これを英語にすると

SCENE 新一からのとつぜんの電話に、蘭がおどろいています。（コミックス42巻56ページ）

What's up?

元気？

What's up? は「**元気かい、どうしてる**」と親しい間でのあいさつとして使われる表現よ。相手のことを心配して「どうかしたの」とたずねるときにも使うわよ。

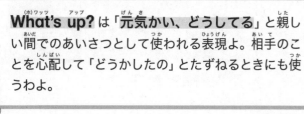

SCENE 101～150までに出てきた英熟語を、これまでに登場したまんがの
場面を思い出しながら、答えてみよう！

わかるかな？

Q19

アイ　ワズ　　　　　　スリーピング　　　　アット
I was sleeping at ⬚.

私は家でねていました。

⬚ の中に入る単語を次の中から選んでみよう！ ➡

ソウファ
❶ sofa

ホウム
❷ home

ベッド
❸ bed

（コミックス28巻60ページ）

Q 20

I'll [　] him up.

アイル　ヒム　アップ

私がかれを元気づけます。

わたし　げんき

[　] の中に入る単語を次の中から選んでみよう！↓

なか　はい　たんご　つぎ　なか　えら

① cry　｜　② check　｜　③ cheer

クライ　　チェック　　チア

（コミックス30巻55ページ）

かん

わかるかな？

Q 21

Good ☐, everyone.

グッド　　　　　　　　　エヴリィワン

みなさん、こんばんは。

☐ の中に入る単語を次の中から選んでみよう！ ↓

❶ morning モーニング ｜ ❷ night ナイト ｜ ❸ evening イーヴニング

（コミックス 37 巻 24 ページ）

わかるかな？

Q 22

I'm ☐ of those people.

私もこの人々の中の１人です。

☐の中に入る単語を次の中から選んでみよう！↓

❶ most　❷ one　❸ some

(コミックス39巻142ページ)

答えは389ページ

SCENE 101〜150までに出てきた英熟語を、これまでに登場したまんがの場面とは
ちがう場面を見ながら、答えてみよう！少し難しいけど、君ならできる！！

わかるかな？

Q 23

マイ　　　　マザァ　　　ワズ　　ルッキング
My mother was looking
トゥー　　ワッチング　　ズィス
☐ to watching this.

私のお母さんは、これを見るのを楽しみにしていました。

☐ の中に入る単語を次の中から選んでみよう！ ➡

```
　　　　 フロント　　　　　　バック　　　　　　　フォーワァド
　❶ front　　　❷ back　　　❸ forward
```

（コミックス 80 巻 80〜81 ページ）

Q 24

You are going to [ ] camping with Conan and his company again.

あなたはまた、コナン君とその仲間たちといっしょにキャンプへ行きます。

[ ]の中に入る単語を次の中から選んでみよう！↓

❶ go　❷ leave　❸ run

これを英語にすると

（コミックス39巻88ページ）

Q 25

Just a [　　　], please.

もう少し待ってください。

[　] の中に入る単語を次の中から選んでみよう！↓

❶ time　❷ stop　❸ minute

これを英語にすると
この通天閣や周りの新世界には、大阪人の人情がぎょーさん詰まってんのやでーー！
なんか東京の下町みたいだね！
それよりそろそろメシに…
もーちょい待って！
じきに迎えが来るから…
おい服部…
教えろよ、オレを大阪に呼んだわけを…

(コミックス 19 巻 81 ページ)

 答えは 389 ページ

わかるかな？

Q 26

□, too.

私もです。

□の中に入る単語を次の中から選んでみよう！↓

❶ You　❷ Me　❸ My

ええ！見たのは試着室の前に脱いであった…
白いサンダルだけよ！
これを英語にすると
そのサンダルなら私も見ました！
わ、私も！
その時、店内には何人ぐらいお客さんがいたんですか？
4、5人いたと思いますけど…
人が殺されたと聞いて皆さん関わりたくないって帰られてしまって…

(コミックス91巻168ページ)

答えは389ページ

Q 27

☐ you do that?

あなたはそれをしてくれますか？

☐ の中に入る単語を次の中から選んでみよう！↓

❶ Have ❷ Are ❸ Could

これを英語にすると
まずはウルフェイス本人である大神さんから…
手に持ったマスクを被ってください…
やっていただけますか？
え、ええ…
さあ私の元へ…

(コミックス 38 巻 115 ページ)

わかるかな？

Q 28

□ go there!

そこに行ってみましょう！

□の中に入る単語を次の中から選んでみよう！↓

❶ Let's ❷ Don't ❸ How

これを英語にすると

ウソ…真ん中の男の人、探偵事務所で自殺した人じゃない？
右端の男はスーツケースに入ってた男だ！
犯行前夜記念!
じゃあ左端の女性がもう1人の強盗犯でしょうか…
その女の人とメールで連絡し合ってたみたい…
ああ！「拳銃は用意できた？」って堂々とメールの題名に付けてやがる…
ん？女からの引っ越しメール…
住所載ってるよ！
行ってみましょう！

（コミックス76巻62ページ）

答えは389ページ

阿笠博士のつぶやき

お金にまつわる言葉

生活に欠くことのできないお金。それに関する言葉をいくつかまとめておくので、覚えておくんじゃ。「現金」はcash、「こう貨」はcoin、「しへい」はbill、「おつり」はchange、「小銭」はsmall changeと言うぞ。現金なしのキャッシュレス支はらいで使う「クレジットカード」はcredit card、「電子マネー」はelectronic moneyじゃ。また「お金をもうける」はmake money、ことわざの「時は金なり」はTime is money.と言うんじゃ。「金持ちの」を表す言葉はrichで、「金持ちの人」はrich personじゃが、「億万長者、大富ごう」はbillionaireとかmillionaireと言うぞ。

FILE 4

SCENE 151～200

さては優ちゃん、私の買い物中にまた電話線抜いてたな？
あ、いや…締切間際は原稿に集中したくてね…

博士！そこの信号を左に折れて高速に乗ってくれ！
高速？じゃがあれに乗ると日売TVから随分離れてしまうぞ…

誰もそんな事聞いてないでしょ？
私は開けてって言ってんのよ!!
まあ、試しにやってみなよ！
思いきってバーの方が…

151 フォア ア ローング タイム for a long time

これを英語にすると

SCENE 蘭がコンビニ泥棒の正体をあばいています。（コミックス42巻67ページ）

ヒー ハズ リヴド イン ズィ アティック オヴ ズィス He has lived in the attic of this ストア スィークリットゥリィ フォア ア ローング タイム store secretly for a long time.

かれはこの店の屋根裏部屋に、長い間こっそりと住んでいました。

フォア ア ローング タイム for a long time で「長い間」を表すよ。attic は「屋根裏部屋」のことだ。secretly は「秘密に、こっそりと」の意味だよ。

SCENE 152 Welcome to 〜.

SCENE 船上パーティーのしゅさい者が、参加者に対して言っています。（コミックス 42 巻 96 ページ）

Welcome to my ghost ship, the Sea Phantom.

ようこそ、我がゆうれい船、シーファントム号へ。

Welcome to 〜. は「(〜へ) ようこそ」というかんげいの意味をこめたあいさつよ。Sea Phantom は船の名前ね。船名の前には the を付けるのが決まりなの。

これを英語にすると

この船が横浜港に戻るまであとどれくらい？

一時間ぐらいだと思いますけど…

じゃあ、それまで船内に入って事件を検証してましょ？

眠りの吸血鬼さん？

あ、ああ…

あれ？電話？

How long will it take us to return to the Yokohama port?

私たちが横浜港にもどるまでどのくらいかかりますか？

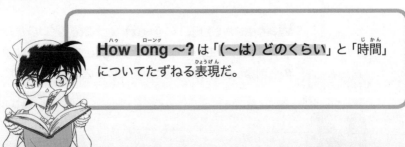

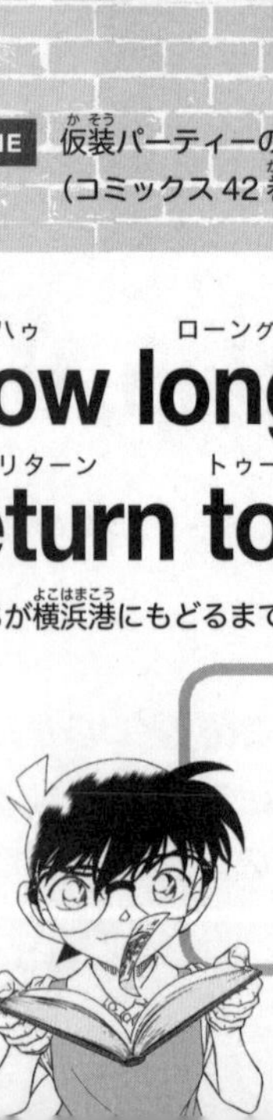

How long 〜? は「（〜は）どのくらい」と「時間」についてたずねる表現だ。

ヴェリィ　マッチ
very much

これを英語に
すると

でも何で日本で
英語教師に…？

まさか
潜入捜査
とか？

N╱N╱
O╲O╲━！

ずっと追ってた犯人を━
捜査中にうっかり
逃がしちゃって━
しばらく休暇を
取らされてたから━
この日本に来たん
デース！

私、ホントに
ホントに、
日本のゲーム
大好きです
から━！

英語教師を
やってたのは━
前からちょっと
憧れてたからね！

SCENE 入院中のジョディ先生が、病室で園子と談笑しています。
（コミックス42巻178ページ）

アイ　リー(ァ)リィ　ライク　ヂャパニーズ　ゲイムズ
I really like Japanese games
ヴェリィ　マッチ
very much.　私は本当に、日本のゲームがとても好きです。

very much は「とても」の意味で、ふつう動詞を
強めるために使うわ。ここでは like（好き）を強めて
「大好き」だということを表現しているのよ。

福地直和(36)
自動車修理工

これを英語にすると

（コミックス 43 巻 15 ページ）

SCENE 自動車修理工の福地直和が、事件の捜査をしている刑事に対して答えています。

アイム グッド アット フィックスィング カーズ
I'm good at fixing cars.
私は自動車を修理することが得意です。

ビー グッド アット は「（〜が）得意だ」を表すよ。ここでは主語は I なので、be は am となるね。I'm は I am を短縮した形だ。この男の人は自動車修理工場で働いているので、ここでは cars を補って fixing cars（自動車を修理すること）となるよ。

SCENE **156** # in the end

これを英語にすると

SCENE 蘭が、新一たちが中学のサッカー大会で負けてしまったことを思い出しています。（コミックス44巻30ページ）

They lost in the end.

かれらは結局、負けました。

in the end は「**結局**」という意味よ。「負ける」は lose だけど、ここでは「負けた」なので過去形の lost を使っているわね。工藤君のサッカー部には複数の部員がいたので、主語は They になっているわ。

SCENE **157**

Good morning.

これを英語にすると
ガヤ
ガヤ
ガチャ
おはようございまーす!!
シン・・
え?

SCENE 職場のドアを開けた刑事が、みんなにあいさつしています。（コミックス44巻61ページ）

Good morning!

おはようございます！

Good morning. は「**おはよう**」を表すあいさつだよ。朝だけでなく、午前中なら昼近くでもこのあいさつを使うぞ。

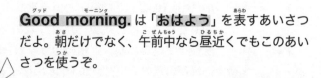

確かヒデの記者会見、お昼だったよな？

これを英語にすると

早く帰ってヒデのニュース観ねーと…

大丈夫だよ、どーせその記者会見は今日のトップニュース！

一晩中何度も流れるだろーから…

でも早く知りたいもん！

どっちにしても大騒ぎしてますよ！

大騒ぎといえば…

SCENE 下校とちゅうの元太が、うで時計を見ながら時間を気にしています。
（コミックス 44 巻 66 ページ）

Hide's press conference was held at noon, right?

ヒデの記者会見、たしかお昼に開かれたのですよね？

ヒデズ プレス カンフ（ァ）ランス ワズ ヘルド アット ヌーン ライト

at noon は「正午に」の意味よ。「記者会見」は press conference と言うの。was held は「開かれた」の意味ね。最後に right を付けることで、「〜だよね」と相手に同意を求めることができるわ。

Ladies and gentlemen.
レイディズ　アンド　ヂェントゥルマン

Ladies and ... Gentlemen!!
レイディズ　アンド　ヂェントゥルマン

みなさん!!

ladies は lady（女の人）の複数形、gentlemen は gentleman（男の人）の複数形だ。**Ladies and gentlemen.** は、大ぜいの男女に「**みなさん**」と呼びかけるときに使うよ。

SCENE 160 Will you ～?

おい君達、静かにしてくれないか!?
絵に集中できないだろ!?
物部雅生(18)
美術部
す、すみません…
あ…
あれ？今の生徒…
あら！雨止んだみたい…
これを英語にすると

SCENE 部室の外で話しこんでいた園子たちに、ドアを開けながら物部雅生が強い口調で注意しています。（コミックス44巻188ページ）

Will you be quiet?

あなたたち、静かにしてくれませんか？

Will you ～? は「**～してくれませんか**」と相手にたのむときの表現よ。121ページのCan you ～? に比べると、「～してくれ」と強い調子でたのむ感じになるわ。

SCENE **161** ゴゥ フィッシング

go fishing

これを英語にすると

でも珍しいわね、海に釣りに行くなんて…
あ、ああ…
いいじゃねーか！いつも山でキャンプだったたから、博士も気ィ利かせたんだよ！
ま、まあな…
別に不満なんてないわ…

SCENE 阿笠博士と少年探偵団は、船で海づりに来ています。
(コミックス 45 巻 40 ページ)

イッツ アニュージュアル フォァ ユー トゥー ゴゥ フィッシング イン ザ スィー

It's unusual for you to go fishing in the sea.

あなたたちが海につりに行くとはめずらしいですね。

go fishing で「**つりに行く**」を表すよ。ここでは「海に」を、to を使わず in the sea としていることに注意しよう。unusual は「まれな、めずらしい」という意味だ。for you は「あなたたちが」を表しているよ。

SCENE **162** ゲット アップ
get up

明日は名探偵毛利小五郎さんが助っ人に来てくれますから！
ほらな！
明日、何時の飛行機なの？
これを英語にすると
確か羽田から朝6時35分発だったかな？
能勢選手のスケジュールが午前中しか空いてないらしくて…
ええ!? だったら
5時前に起きなきゃいけないじゃない!!
じゃあわたし達も仕度済ませて早めに寝なきゃねコナン君！
うん！
おいおい、行くのはオレだけで…

SCENE 沖縄でプロ野球選手と対談する予定の小五郎に、蘭とコナンもついていくつもりです。
（コミックス 45 巻 93 ページ）

ウィー　ハフ　トゥー　ゲット　アップ　ビフォァ　ファイヴ
We have to get up before five!

私たちは 5 時前に起きなくてはなりません！

get up は「**起しょうする、起きる**」の意味よ。ここでは蘭さんも江戸川君も毛利のおじさんといっしょに行くつもりなので、主語は we（私たち）となっているわね。

put on 〜

プット　オン

SCENE 殺人犯に銃口を向けられても、コナンは落ち着いてくつをはいています。何か秘策があるようです。（コミックス46巻15ページ）

I'm putting on my shoes.

アイム　プティング　オン　マイ　シューズ

私はくつをはいているところです。

> **put on 〜** は「（〜を）身に着ける、着る」を表すよ。服以外に、くつ、眼鏡、ぼうし、時計などを身に着けるときにも使うんだ。「（〜を）ぬぐ」は349ページを見てみよう。

164 get home
ゲット　　　ホウム

あ、
うん…

おら、
早く降りろ！
レンタカー
返して来る
から…

ふぅ…

やっと
着いた…

これを英語に
すると

SCENE 事件を解決した小五郎たちが、レンタカーで夜おそくに自宅に帰ってきました。
（コミックス 47 巻 54 ページ）

We finally got home.
ウィー　　　ファイナリィ　　　ガット　　　ホウム

私たちはついに家に着きました。

get home で「家に着く」を表すの。got は get の
ゲット　ホウム　　　　　いえ　つ　　　　　あらわ　　　　ガット　　　ゲット
過去形ね。
かこけい

や… 発信器の移動速度が早まった!!

車に乗りやがったな!!

オレが今いるのは杯戸町の…

あ、ああ…

え？

とにかく急いでビートルでオレを拾ってくれ!! もちろん灰原には気づかれるなよ!!

これを英語にすると

SCENE 「黒の組織」の仲間を発見したコナン。追せきのため、阿笠博士に車を出してもらうよう電話でたのんでいます。（コミックス 48 巻 163 ページ）

Pick me up with your car.

ビック ミー アップ ウィズ ユァ カー

あなたの車で私をむかえに来てください。

pick ～ up は「（～を）車に乗せる、車でむかえに行く」を表し、～には「人」が入るよ。ビートルは車の名前だけど、阿笠博士の車なので、ここでは your car（あなたの車）となるね。

SCENE 166 hear of ～

SCENE コナンに「黒の組織」のメンバーの名前についてたずねられ、灰原が思い出しながら答えています。（コミックス48巻173ページ）

I've heard of Kyanti and Korun.

私は、キャンティとコルンは聞いたことがあります。

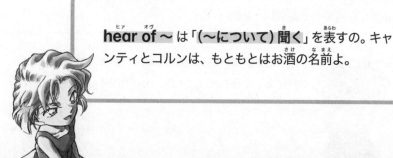

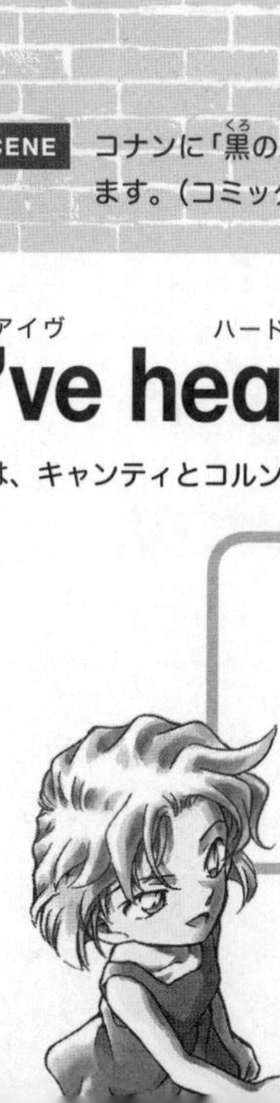

hear of ～ は「**(～について) 聞く**」を表すの。キャンティとコルンは、もともとはお酒の名前よ。

167 turn left

ターン　レフト

これを英語にすると

博士！そこの信号を左に折れて高速に乗ってくれ！

じゃあれに乗ると日売TVから随分離れてしまうぞ…

高速？

離れてもいいんだよ、先回りするんだから…

え？じゃあまさか…

SCENE 「黒の組織」による暗殺計画が進行中。コナンたちは暗殺が行われる場所に先回りして、計画を阻止しようとしています。（コミックス49巻13ページ）

Turn left at the traffic lights and get on the expressway.

ターン　レフト　アット　ザ　トゥラフィック　ライツ　アンド　ゲット　オン　ズィ　イクスプレスウェイ

そこの信号を左に曲がって、高速道路に乗りなさい。

turn left は「左に曲がる」の意味になるよ。「右に曲がる」なら turn right だ。「高速道路」は expressway と言うよ。

SCENE 168 shake hands with ～

これを英語にすると

まあまあ
握手はインタビューの後で…
ねえ先生…

SCENE 人々にあくしゅを求められている男性は、「黒の組織」による暗殺のターゲットです。(コミックス49巻20ページ)

I will shake hands with you after the interview.

私はあなたたちとインタビューの後であくしゅします。

shake hands with ～ で「(～と)あくしゅする」を表すわよ。

SCENE **169** **Let's see.**

ジュースとミルクとカッターナイフ…？
飲みモンばっかじゃ腹減っちまうよな？
カッターナイフも買ってるって事は、学校で工作でもやるつもりだったんでしょうか？
まあ、とりあえずこれで家出の線は消えたわね…
他にその子の様子で気になった事なかった？
ウーン…そうだなあ…

これを英語にすると

SCENE いなくなった女の子をさがすコナンの質問に、コンビニの店員が答えています。（コミックス 49 巻 93 ページ）

Let's see.

ええと、そうですね。

Let's see. は会話の中で「**ええと、そうですね**」と考えるときに使うぞ。Let me see. とも言うんだ。

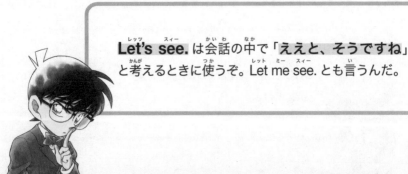

SCENE 殺されたライター・杉森の自宅に捜査にやって来た目暮警部が、留守電を再生しています。
（コミックス50巻97ページ）

Is the Koeikan also far away from here?

イズ ザ コウエイカン オールソウ ファー アウェイ フラム ヒア

興栄館もここから遠いですか？

far away は「ずっと遠くに」という意味なの。ここでは、2人が留守電を聞いている場所から遠いということなので、from here（ここから）を補っているわ。

SCENE 171 all the time
オール ザ タイム

これを英語にすると

だってェ、ずーっと二人で一緒にいるんだもーーん♡

園子てめェ寝ぼけた事叫んでんじゃねーよ!!! 勘違いされちゃうじゃない!!

SCENE スキー場で仲良くすべる2人に対して、園子がからかい半分で言っています。
（コミックス50巻145ページ）

You two are together all the time.
ユー トゥー アー タゲザァ オール ザ タイム

あなたたち2人はいつもいっしょにいます。

all the time は「いつも」を意味するよ。you two で「あなたたち2人」を表すんだ。
オール ザ タイム　　　　　　　　　　　　　　　　ユー トゥー

ズィス　イズ　ザ　ライト　ワン
This is the right one.

これを英語にすると

「ここにしよう」
って!!

店に置いてあるレジャー雑誌を見ながら折り目を付けてました!!

そういえば、この前 満君がお父さんに連れられてここに来た時…

SCENE 親子が旅行に出かける先を相談していました。（コミックス 51 巻 34 ページ）

ズィス　イズ　ザ　ライト　ワン
This is the right one.

これがいい。

ズィス　イズ　ザ　ライト　ワン
This is the right one. は「これがいい、これがぴったりだ」を表すわ。この one は数の「1」ではなく、「もの」の意味で、right one で「適切なもの」となるのよ。

SCENE **173** **on *one's* left**

SCENE カメラマンの男が、ビルの受付でエレベーターの場所をたずねています。
(コミックス 52 巻 18 ページ)

Go straight and you will see it on your left.

まっすぐに行くと、左側にそれがあります。

on *one's* left で「**左側に**」を表すけど、one's は主語によって my, your, our, her, his, their と変化するぞ。「右側に」なら on one's right だ。straight は「まっすぐに」の意味だよ。

SCENE **174** ゴゥ オン ア トゥリップ

go on a trip

彼が玄関から助けに来てくれたんです！
ホー……
胸騒ぎがしたんですよ…
これを英語にすると
その日は両親が使用人を連れて旅行に出ていて…
彼女以外は年輩の使用人が二人だけとか言ってましたから…
そして男と彼が取っ組み合いになって…
警察を早く!!
――と彼に言われ、部屋に戻って警察に電話して…再び玄関に戻ったら…男が捨て台詞を残して帰る所でした…

SCENE 男に包丁でおそわれたときの様子を、挙式直前の新ろうと新婦が小五郎たちに話しています。(コミックス 52 巻 52 ページ)

ザット デイ ハー ペ(ァ)ランツ ウェント オン ア トゥリップ ウィズ ア サーヴァント

That day, her parents went on a trip with a servant.

その日、かの女の両親は使用人といっしょに旅行に出かけました。

go on a trip は「**旅行に出かける**」という意味よ。ここでは、旅行に行っているのは女の人の両親なので、her parents を主語としているわね。

一番右の吹き出し：今日も、お金を払うから冬の紅葉の元となった、ハンカチが付いていた木がすぐに知りたいっていうファンのために…朝から探し回っててもうクタクタさ…

次：あ、そうだ！ちょっと言伝を頼まれてくれないかなぁ？

下段の吹き出し：駅前にある赤樹旅館のロビーに置いてあるノートに書き込むだけでいいから…「お探しの木は見つかりましたからドラマのラストで使った岩のある場所に来てください」って…

これを英語にすると

今日も、お金を払うから冬の紅葉の元となった、ハンカチが付いていた木がすぐに知りたいっていうファンのために…朝から探し回っててもうクタクタさ…

あ、そうだ！ちょっと言伝を頼まれてくれないかなぁ？

え？

そのファンの電話番号、ド忘れしちゃって…

駅前にある赤樹旅館のロビーに置いてあるノートに書き込むだけでいいから…「お探しの木は見つかりましたからドラマのラストで使った岩のある場所に来てください」って…

SCENE 人気ドラマのロケ地にやって来た園子たち。そこで出会ったドラマのスタッフから伝言をたのまれます。（コミックス52巻147ページ）

キャン ユー テイク ア メスィッヂ
Can you take a message?
伝言を受けてもらえますか？

take a message は「伝言を受ける」という意味だよ。Can you 〜? は人に何かをたのむときの表現だったな（121ページ）。

SCENE 176 Right?

これを英語にすると
『冬の紅葉』の制作スタッフに電話して…
このホヅミっていうADを捜せば、すぐにわかっちゃいますよ！
ホヅミ
だよね？
は、はい…
あ、それと…
さっきこの辺を調べていた所轄の刑事から報告があったんですが…
この近くで無人のテントを発見したそうです…
しかもさっきまでいた形跡があったらしくて…
それはかなり怪しいですね！ひき続き捜査してくれちゃってください！

SCENE テレビ局のAD・ホヅミが殺されました。刑事がひ害者の身元を確認しようとしています。（コミックス52巻162ページ）

Right?

そうですよね？

right は「正しい」という意味ね。自分の言ったことが正しいかどうかを、相手に確認するときには、**Right?** と、相手に「**〜だよね**」ってたずねるような感じで使うの。

SCENE **177** **be famous for ～**

これを英語にすると
お父様ですか？
ええ…妻の父であり、私の師でもある神原晴仁です…
晴仁と言った方が聞こえがよろしいでしょうか…
ああ、風景画で有名な…
…といっても、10年前に手を痛められてから筆を握っておられませんが…

SCENE 仕事の依頼を受け、画家・及川の家にやって来た小五郎たち。そこには風景画で有名な及川の義父・神原晴仁の姿がありました。（コミックス 53 巻 12 ページ）

He is famous for his landscapes.

かれは風景画で有名です。

be famous for ～ で「(～で) 有名である」を表すよ。landscape は「風景」という意味だけど、「風景画」の意味もあるよ。

SCENE **178** ライク
like ～

キッドが予告状に描きそえてるイラストだよ!
毎回キッドは新しく描いてるみたいなんだけど、キッドの真似する奴は、新聞やTVで発表されたそれをコピーするかなぞって描いてるからすぐにわかるんだ!
でも中森警部がいる二課の話だと、今回はそのどちらでもなく、新しい線でそっくりだったから本物だと思ったらしいよ!
だったらさー…絵の上手な人がキッドのフリしてるかもしれないね!
漫画家とかイラストレーターとか…

これを英語にすると

SCENE だれかがキッドのふりをして、にせの予告状を送ってきたようです。
(コミックス53巻31ページ)

ライク　ア　カートゥーニスト　オァ　アン　イラストゥレイタァ
Like a cartoonist or an illustrator.

まんが家やイラストレーターのように。

like ～ で、「(～に) 似た」「(～の) ような」という意味になるわ。

SCENE **179**

hear about ～

SCENE 「黒の組織」の男が、運転中に仲間と電話で話しています。（コミックス53巻155ページ）

アイヴ　オールソゥ　ハード　アバウト　ザ　ケイス

I've also heard about the case.

私もその事件について聞きました。

hear about ～ は「**(～について) 聞く**」を表すよ。211ページのhear of ～よりもくわしい内容を聞くときに使うんだ。

SCENE 180 Shall I ～?

SCENE 食事の用意をしようとしている女性に対して、蘭が手伝いを申し出ています。
（コミックス54巻19ページ）

Shall I help you?

私がお手伝いしましょうか？

Shall I ～? は、「**私が～しましょうか**」と相手に申し出をする、ていねいな言い方よ。

SCENE **181**

middle of ～

これを英語にすると
こ、今度は離れの部屋の真ん中で…
腹に刃物を刺した女の方が…

SCENE 事件が起きた寺の様子を調べに来た小五郎たち。そこでまた、新たな事件が…。
(コミックス 54 巻 101 ページ)

This time, in the middle of a room in the other building ...

今度は別の建物の部屋の真ん中で…。

middle of ～は「**(～の) 真ん中**」を意味するぞ。ここでは「はなれの部屋」を a room in the other building (別の建物の部屋) と英訳しているよ。

a piece of 〜
（ア ピース オヴ）

これを英語にすると

しかし、一体誰が何のために本棚の奥に……

……

おい、中身見てみよーぜ！

お金が入ってるかもしれねえしよ！

もォ！

ねえ、何か書いてあるの？

ええ…

でも紙がクシャクシャになってて…

何だよ…

中には紙が一枚入っているだけですね…

ん？

SCENE 学校の図書室で発見した財布の中から、光彦が1枚の紙を取り出しています。
（コミックス55巻92ページ）

There's only a piece of paper in it.
（ゼァズ オウンリィ ア ピース オヴ ペイパァ イン イット）

その中には紙が1枚だけ入っています。

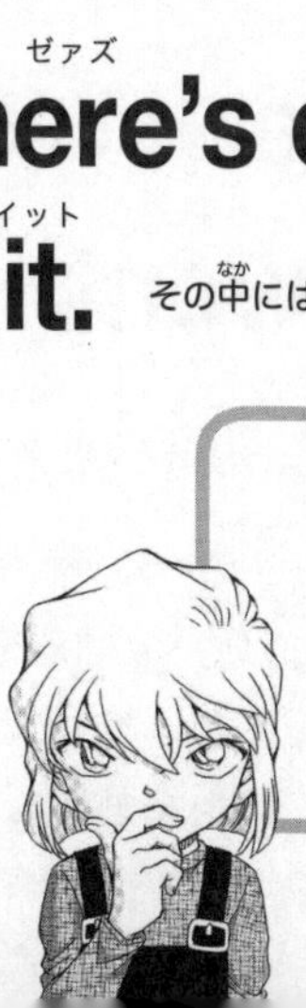

a piece of 〜（ア ピース オヴ）は「1枚の〜」を表して、紙などを数えるときに使うの。「2枚の紙」なら two pieces of paper（トゥー ピースィズ オヴ ペイパァ）となるわよ。

ゴゥ シャッピング
go shopping

これを英語にすると

さては優ちゃん、私の買い物中にまた電話線抜いてたな？

あ、いや…締切間際は原稿に集中したくてね…

とにかく、あの子達からそっちに連絡が入ったら娘に伝えてね！

すぐに帰って来なさいって！

え？帰っちゃうの？お茶ぐらい飲んでいけばいいのに…

SCENE 今から10年前の新一の両親の様子です。電話が通じなくなったわけを、優作が有希子から問いつめられています。（コミックス55巻125ページ）

ユー アゲン ブルド アウト ザ
You again pulled out the
テリフォウン コード （ホ）ワイル アイ ウェント
telephone cord while I went
シャッピング
shopping.　あなたはまた、私が買い物に行っている間に電話線をぬきました。

> ゴゥ シャッピング は「買い物に行く」という意味だよ。go（行く）は過去形の went となっているね。pull out は「（～を）ぬく」の意味だけど、ここでは過去形の pulled になっているよ。while は「～している間」の意味だ。

SCENE

184 a pair of ～

これを英語にすると
まあ…大した物は食わせられんが…
それでよければ中に入りなされ…
ありがとうございます!
ん?
おばあさんの他に誰かいるんですか?
いや…儂一人じゃ…
でもスリッパが一組み出しっ放しに…

SCENE キャンプをしに来た阿笠博士と少年探偵団ですが、山中で車がパンクしてしまい、見つけた一けん家にとめてもらうことになりました。(コミックス56巻59ページ)

You left a pair of slippers.

あなたは一組のスリッパを出したままにしました。

a pair of ～ はくつや手ぶくろなど2つで一組のものを指すときに、「**一組の～**」という意味で使うの。left は leave の過去形よ。

これを英語にすると

カ、カンパニーってまさか!?

もしかしたらの話だよ…もちろん本人がそう言ってたわけじゃないし…

ちょっと君、大丈夫? 危ない所まで深入りしてない?

うん大丈夫! 今のところはね!

今のところはって…

あ、最後に1つ確認させてくれる? 水無怜奈の血液型を…

SCENE コナンとジョディ先生が「黒の組織」に関わることを話しています。
（コミックス57巻7ページ）

Yes. I'm all right for now.

イェス アイム オール ライト フォア ナゥ

はい、私は今のところだいじょうぶです。

for now で「今のところ」を表すよ。all right は覚えているかな？　167ページを見てみよう。

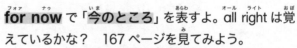

SCENE **186** エヴリィ マンス

every month

これを英語にすると
まあ、母が亡くなり、父に引き取られて大阪に住むようになってからはしばらく父と一緒に暮らしてたけど…
しばらくって…今は一緒に住んでねーのか？
ええ…海外に仕事で行っちゃったらしくて、それから先はお父さんの知り合いの家に…
ガコ
随分いい加減な父親だな…そりゃお姉ちゃんが姿をくらますわけだ…
でも父は毎月仕送りしてくれてますから…
ウイイン
あら瑛祐君！

SCENE 小五郎たちが、瑛祐の今の暮らしぶりについて聞いています。（コミックス57巻15ページ）

マィ ファーザァ センヅ ミー マニィ エヴリィ マンス

My father sends me money every month.

私の父は毎月、私にお金を送ってくれます。

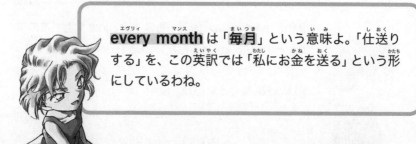

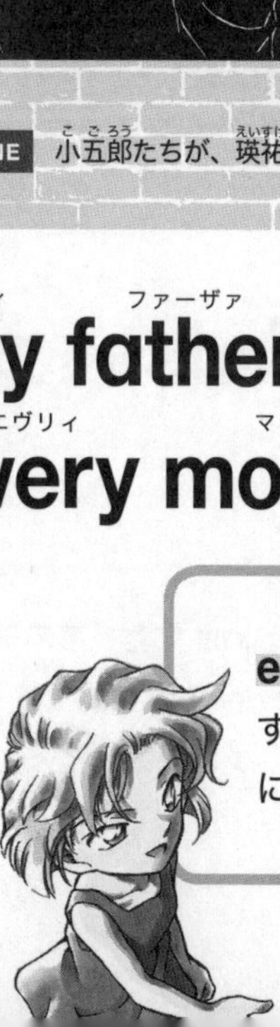

every month（エヴリィ マンス）は「毎月」という意味よ。「仕送りする」を、この英訳では「私にお金を送る」という形にしているわね。

SCENE 187 ラスト マンス last month

これを英語にすると

毎回あの折りヅルの入った小さな箱をその手紙にそえてな…

その子、俺を本物の悪魔だと信じててよ！

毎回、その手紙を読むのが楽しみだったんだが…

ある日、その子からパッタリ手紙が来なくなってな…

その当時は飽きられたと思っていたんだ…

だが先月、社長と飲んだ時にようやくその原因がわかったよ…

また生け贄で盛り上がるか？──って言葉でな！

SCENE バンドボーカルのサタン鬼塚が、ファンの子からとつぜん手紙が来なくなったことについて話しています。（コミックス 57 巻 116 ページ）

アイ ハッド ア ドゥリンク ウィズ ザ ボース ラスト マンス I had a drink with the boss last month.

先月、私は社長といっしょに飲みました。

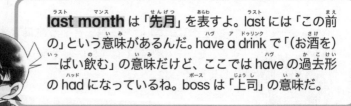

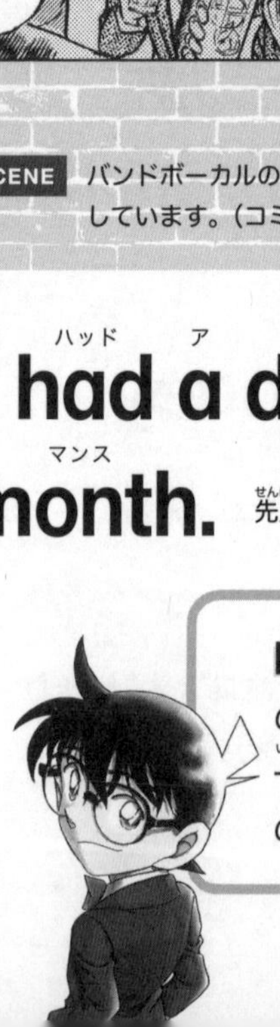

last month は「先月」を表すよ。last には「この前の」という意味があるんだ。have a drink で「（お酒を）一ぱい飲む」の意味だけど、ここでは have の過去形の had になっているね。boss は「上司」の意味だ。

SCENE **188** # Good afternoon.

SCENE 小五郎は、何かやっかいなことからにげ回っているようです。
(コミックス57巻130ページ)

Good afternoon.

こんにちは。

Good afternoon. は「**こんにちは**」を表すあいさつの表現よ。正午から夕方の間の時間帯で使われるわ。午前中のあいさつは Good morning. だったわね。

SCENE 189 Happy New Year!

SCENE 正月にコナンが阿笠博士の家を訪れています。（コミックス 57 巻 134 ページ）

Happy New Year!

新年おめでとう！

Happy New Year! は「**新年おめでとう**」と言うときの表現だ。Happy 〜! は「〜おめでとう」と、何かを祝うときに使われるよ。Happy Birthday! 「ハッピーバースデー」と、誕生日のときに聞いたことがあるだろ？

SCENE **190**

keep in touch

それより よく引き受けてくれたね その院長さん…
水無怜奈を匿うなんて…
ああ…随分昔、彼がロスで暴漢に襲われた時に、偶然私が助けた事があってね…
それ以来の友人なんだ…
これを英語にすると
まあ友人といっても、直接会ったのはその時以来…
メールや手紙でやりとりはしていたが…
まさか彼が大病院の院長になるとは思わなかったよ…
いい事はやっておけという事さ…

SCENE FBIのジェイムズ・ブラックとコナンが車で移動しながら会話をしています。
（コミックス57巻155ページ）

I have kept in touch with him by e-mail and by mail.

私はかれとメールや手紙で連らくを保ってきました。

keep in touchは「**連らくを保つ**」という意味よ。have kept in touchで「連らくを保ってきた」の意味になるわ。ここでは、やりとりしていた相手は男の人なので、with him（かれと）を補っているわね。by e-mailは「メールで」、by mailは「郵便で」を表すのよ。

SCENE **191**

Good for you!

御苦労……
よくやった……
これを英語にすると

SCENE 同りょうから作戦成功の報告を受けて、赤井秀一がほめている場面です。
(コミックス58巻102ページ)

Good for you!

よくやった！

Good for you! は、人のしたことをほめて「**よくやった**」と言うときに使うよ。

192 See you soon.

スィー ユー スーン

これを英語に
すると

…………

じゃあ
またね—
ジョディ
先生！

13日の……
金曜日…

それに今日は
13日の金曜日、

早く帰って
大人しく寝た方が
よさそうだしね！

SCENE ジョディ先生に、コナンが別れのあいさつをしています。
（コミックス59巻11ページ）

See you soon, Jodie sensei!

スィー ユー スーン ジョウディ センセイ

それではまた、ジョディ先生！

See you. は親しい人に対して使う、別れのあいさつと
して35ページに出てきたわね。**See you soon.**
には soon（すぐ、まもなく）があるので、「**近いうちに、
またね**」という意味になるのよ。

SCENE **193** **once upon a time**

これを英語にすると
次は己の番やもしれぬ…
殺される…呪い殺されるとな…
龍尾盛代 (78)
為史の母
の、呪い?
わからぬか!! 先祖代々この龍尾家を憎んでおる虎田家の呪いじゃよ!!
ねぇ…何でこの家とあの家仲が悪いの?
それはその昔…

SCENE 殺人事件の調査を受けてやって来た小五郎たちが、現場で事情を聞いています。(コミックス59巻91ページ)

Once upon a time ...

昔々…。

once upon a time は、昔話を始めるときに使われる表現だ。日本のおとぎ話の始めに語られる「**昔々**」にあたるぞ。

SCENE 194 do well

SCENE 本屋で先生のすすめる参考書を見つけた蘭たちが、瑛祐にも買うようにうながしますが、瑛祐は自分には必要ないと言います。テストの時には、自分はもう日本にはいないつもりでいるようです。（コミックス59巻171ページ）

You are doing very well in school, Eisuke.

あなたは学校でとても成績がいいですね、瑛祐君。

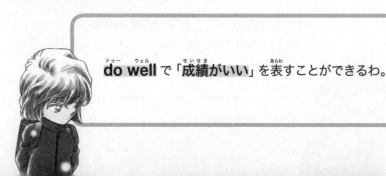

do well で「**成績がいい**」を表すことができるわ。

SCENE 195 not ～ at all

ナット　アット オール

散々な復帰祝いになっちゃったね…
うん…
でも僕感激しましたよ！園子さんの推理ショー！
まるで眠りの小五郎さんのようでした！
うんうん！新一も顔負けの名推理だったよ！
そ、そう？
全く覚えてないけど…
新一って、あの高校生探偵の工藤新一さんですか？
これを英語にすると

SCENE 推理ショーをほめられる園子ですが、実はますいでねむらされている間に、コナンが園子の声をまねて推理していたのです。（コミックス 60 巻 31 ページ）

アイ　ドウント　リメンバァ　アット　オール

I don't remember at all.

私はまったく覚えていません。

not ～ at all で「**全然～ない**」を表すよ。don't は do not の短縮形だね。remember は「覚えている」の意味だよ。

SCENE 196 decide to 〜

ディサイド　トゥー

これを英語に
すると

僕、アメリカに
行く事に
したよ！

え？

じゃあ
証人保護
プログラム
受ける事に
したの？

いや、
さすがに
それは
断ったよ…

前にも言ったけど、
縛られるの嫌いだしし…

じゃあ
どうして
アメリカに？

君が言ってた
悪い組織の人達にも
運良く僕はまだ
目をつけられて
いないようだしね！

> SCENE 瑛祐が、コナンに対して自分の決意を話しています。(コミックス60巻32ページ)

アイ　ディサイディッド　トゥー　ゴゥ　トゥー　アメリカ

I decided to go to America.

私はアメリカに行くことに決めました。

> decide to 〜 は「〜することに決める」を表すの。〜には動詞の原形が入るわ。では、「行かないことにした」なら、どう言えばいいと思う？ 答えは I decided not to go to America. よ。not の位置に注意してね。

SCENE **197**

anything else

SCENE 殺人現場で刑事が証こ品を探している場面です。（コミックス60巻113ページ）

Did you find anything else?

あなたはほかに何か見つけましたか？

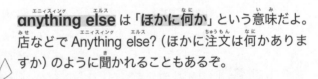

anything else は「**ほかに何か**」という意味だよ。店などで Anything else?（ほかに注文は何かありますか）のように聞かれることもあるぞ。

<ruby>（ホ）ワット</ruby> <ruby>アバウト</ruby>
What about 〜?

これを英語に
すると

それでは
世間の者共に
生で見せられぬ
ではないか！！

儂が彼奴を
掌握する
様がなぁ！！

たわけ！！

それに氷漬け
なんぞにしたら
伝説のミュールが
台無しじゃ
馬鹿者が！

では、
この案は
いかがでしょうか？

SCENE 怪盗キッドをおびき出すための案を、鈴木次郎吉に対して部下の男が提案しています。
（コミックス61巻9ページ）

<ruby>（ホ）ワット</ruby> <ruby>アバウト</ruby> <ruby>ズィス</ruby> <ruby>アイディーア</ruby>
What about this idea?
この案はいかがですか？

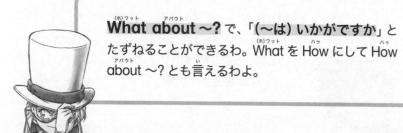

What about 〜? で、「（〜は）いかがですか」とたずねることができるわ。What を How にして How about 〜? とも言えるわよ。

SCENE **199** オン タップ オヴ

on top of ～

これを英語にすると

SCENE 園子のけい帯型のテレビに、昨夜、怪盗キッドが登場した際のＶＴＲが流れています。(コミックス 61 巻 51 ページ)

ヒー ワズ オン タップ オヴ ザ ビルディング

He was on top of the building.

かれはビルの屋上にいました。

on top of ～ で「(～の) 上に」を表すよ。ここでは、屋上にいるのは怪盗キッドなので、主語は he となっているね。また、昨夜のＶＴＲの再現なので、is の過去形の was を使っているよ。

SCENE 200 tell ～ to ...

SCENE 静電気がいやな灰原が、コナンに車のドアを開けるよう命令口調で言っています。（コミックス 61 巻 99 ページ）

I'm telling you to open the door.

私はあなたにドアを開けなさいと言っているのです。

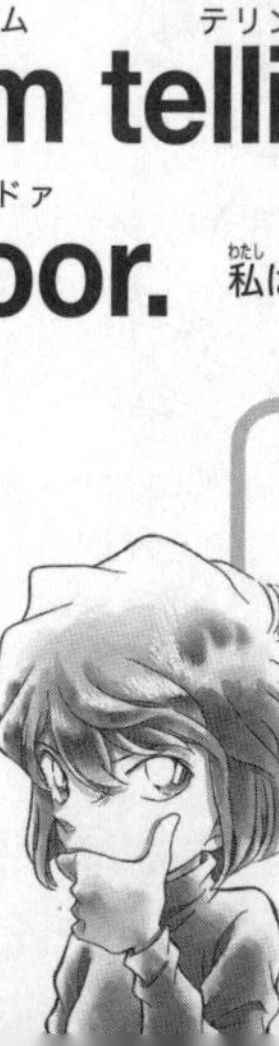

tell ～ to ... で「(～に…) しなさいと言う」を表すんだけれど、強く命令する感じになるの。～には「人」、... には動詞の原形が入るわね。

SCENE 151〜200までに出てきた英熟語を、これまでに登場したまんがの場面を思い出しながら、答えてみよう！

わかるかな？

Q 29

Good □ !

おはようございます！

□ の中に入る単語を次の中から選んでみよう！ ⬇

❶ evening イーヴニング　　**❷ morning** モーニング　　**❸ afternoon** アフタヌーン

（コミックス 44 巻 61 ページ）

わかるかな？

Q 30

We have to ⬚ up before five!

ウィー　ハフ　トゥー　　　アップ

ビフォァ　ファイヴ

私たちは 5 時前に起きなくてはいけません。

⬚ の中に入る単語を次の中から選んでみよう！ ➡

❶ go ゴゥ ｜ ❷ come カム ｜ ❸ get ゲット

（コミックス 45 巻 93 ページ）

Good [　]!

こんにちは！

[　] の中に入る単語を次の中から選んでみよう！ ↓

❶ afternoon （アフタァヌーン）　❷ evening （イーヴニング）　❸ night （ナイト）

（コミックス 57 巻 130 ページ）

わかるかな？

Q 32

☐ for you!

よくやりました！

☐の中に入る単語を次の中から選んでみよう！↓

❶ Many ❷ Much ❸ Good

御苦労…
よくやった…
これを英語にすると

（コミックス 58 巻 102 ページ）

答えは 389 ページ

SCENE 151〜200までに出てきた英熟語を、これまでに登場したまんがの場面とは ちがう場面を見ながら、答えてみよう！少し難しいけど、君ならできる!!

わかるかな？

Q 33

His wife was [　] at painting.

ヒズ　ワイフ　ワズ　　　　アット

ペインティング

かれの奥さんは、絵をかくのが上手でした。

[　]の中に入る単語を次の中から選んでみよう！→

❶ well (ウェル) **❷ good** (グッド) **❸ poor** (プァ)

（コミックス36巻32ページ）

Q 34

Mr. Taninaka, please [　　] on the glasses first.

谷中さん、始めに眼鏡をかけてください。

[　] の中に入る単語を次の中から選んでみよう！↓

❶ get ❷ wear ❸ put

(コミックス73巻74ページ)

答えは389ページ

Q 35

It's ☐ away from here.

ここからは、はなれています。

☐の中に入る単語を次の中から選んでみよう！↓

❶ long　❷ far　❸ near

（コミックス50巻100ページ）

 答えは389ページ

わかるかな？

Q 36

アイ ドゥント ノゥ ザ マーダァ
I don't know the murder
ケイス アット
case at ☐.

私はその殺人の件について、まったく知りません。

☐の中に入る単語を次の中から選んでみよう！ ↓

リトゥル | オール | ノゥ
❶ little : **❷ all** : **❸ no**

これを英語にすると

ワシの目の前にな！

なぜなら、殺人犯はここにおるんじゃから！

おいおい、ワシは殺人の事なんて全く知らんぞ！

いいから、オレの声に合わせて喋るフリを…

あーん？あんた、前にこのガキ運中とつるんでたジイさんだな？

何なんだよ！急にしゃしゃり出て来て…

あ、いや、ワシは…

(コミックス 69 巻 88 ページ)

阿笠博士のつぶやき

くしゃみをした人に
かける言葉

「くしゃみ」はsneezeと言うぞ。sneezeには「くしゃみをする」という動詞の意味もあるんじゃ。くしゃみの音は日本語では「ハクション」と表されるが、英語ではachooじゃ。英米では、くしゃみをした人に対してBless you!やGod bless you!（お大事に）と言う習慣があり、言われた人はThank you.と答えるぞ。ちなみに、「せき」はcoughで、「ゴホゴホ」という音もcoughで表すんじゃ。

コラム④

FILE 5

SCENE 201〜250

エ、
SOSって…
誰かが助けを求めているってーの?

この倉に潜む…
何者かが持ち去ったか…

やっほー、コナン君元気かァ〜〜〜!?

SCENE **201** ask for 〜

これを英語にすると

SCENE 都内に大量に飛ばされている紙飛行機には、SOSのメッセージがかくされていました。(コミックス61巻132ページ)

Is anyone asking for help?

だれかが助けを求めているのですか?

ask for 〜 は「**(〜を) 求める**」を意味するよ。

SCENE **202** **May I speak to ～?**

これを英語にすると
そちらの方は自分の名前を名乗っていたと旅館の主人が言っていました…
「工藤新一」です！そちらに泊まっている河内さんに取り次いで頂けませんか？」と…
ええ!?
工藤があのオバさん呼び出して、救急車と警察を呼んだっちゅう事か!?
もしかしたらアイツ…記憶喪失のフリして何か考えてるかもしれねぇな…
河内さんもそのような事を…
何？

SCENE 新聞記者の河内が、とまっている旅館でさされ、新一に犯人の容疑がかかっています。警察官が、その旅館に新一から電話がかかってきたことを伝えています。（コミックス62巻142ページ）

May I speak to Ms. Kawauchi?

河内さんをお願いできますか？

May I speak to ～? は「**(～を) お願いできますか**」と、電話口に話したい相手を呼び出してもらうことをたのむときに使う、ていねいな言い方よ。

203 ア メンバァ オヴ a member of ～

なるほど！それが
殺人の動機やったら
下手に言われへん
なァ…

ああ…だから
殺人の動機を
癌の告知に
よるものだと
公表したんだ…

まさかその後、
事情を知らない
看護師が
良性の癌だったと
バラすとは
思わなかったがな…

そ、
そんな…

バカな！？

で、でも！
だったら何でそれを
僕に話してくれ
なかったんだ！？

家族の一員
だった
のに！！

話した
はずです
よ…

これを英語に
すると

SCENE 新一に成りすまして殺人未すいの罪を着せようとした男が、自分の知らな
かった事実を聞かされて、がく然とします。(コミックス62巻163ページ)

アイ ワズ ア メンバァ オヴ ザ ファマリィ I was a member of the family.
私はその家族の一員でした。

a member of ～は「(～の) 一員」を表すよ。
member は「メンバー」で日本語にもなっているね。

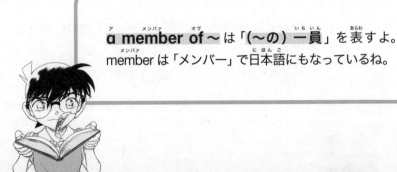

SCENE 204 Good idea.

これを英語にすると

そーいえば今度 駅前にもできるみたいね…
回転寿司…
え！ホント？
ズッ

んじゃまた博士に連れてってもらおーぜ！
いいですねー！
行こ行こ！

SCENE 少年探偵団は、すっかり回転ずしが気に入ったようです。
(コミックス63巻83ページ)

Good idea.

いい考えですね。

Good idea. は相手の意見について、「**いい考えですね**」と言うときに使うの。That's a good idea. とも言うわよ。

SCENE **205** **agree with ～**

これを英語にすると

パフェやプリンもあるんですか？
はい…寿司よりお高くなっておりますが…
あ、そうだ！いい事思いつきました！

毎週土曜日はお寿司の日にしませんか？
オー、いいじゃんそれ！
歩美サンセー！

SCENE 毎週土曜日を回転ずしで食事をする日にしようとする、少年探偵団です。
（コミックス63巻84ページ）

I agree with you.

私はあなたに賛成します。

agree with ～ は「**（～に）賛成する**」という意味で、～には「人」が入るんだ。ここでは、話しているのは歩美ちゃん本人なので、主語はIとしているよ。また、youは光彦のことだね。

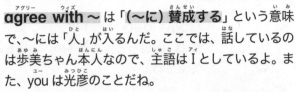

SCENE

206 Really?

リー(ァ)リィ

SCENE 元太の父親から電話がかかってきました。いったい、何を告げられたのでしょうか。(コミックス63巻93ページ)

リー(ァ)リィ

Really?

本当ですか?

Really? は「**本当ですか、まさか**」と、おどろきを表すときに使うの。語の最後を上げるような感じで言うのよ。

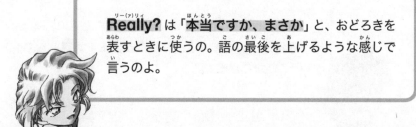

SCENE **207** **Oh, no!**

これを英語にすると

わっ やべ!
8時50分じゃねーか!!
蘭! 日売TVだ! チャンネルを変えろ!!
はぁ? 8時からの新ドラならもう終わるトコだよ?
バカヤロォ! 目当ては沖野ヨーコちゃんが歌うドラマのエンディングソング!
「真夜中の蜃気楼」だよ!!

SCENE 事務所でいねむりをしていた小五郎は、楽しみにしていたテレビドラマを見のがしそうです。はたしてエンディングソングを聞くことはできるのでしょうか。（コミックス63巻163ページ）

Oh, no!

あぁ、それはいけません！

Oh, no! は、良くないことが起こったときに、「**あぁ、それはいけない**」と、おどろきを表す言葉として使うことができるよ。

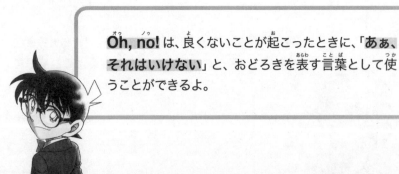

SCENE **208** カム オウヴァ

come over

これを英語にすると

で、でも何でこの家に殺人犯が来てるの？
お嬢様が当てた1億円の宝クジ目当てだよ！
事故にあった時大怪我を負いながら自分を助けてくれた少年にその宝クジを譲りたいっていう話に、乗って来たんだろーぜ…
つまり…
その少年は自分だと言ってこの家にやって来た…

SCENE 小五郎が仕事の依頼を受けてやって来た家に、連続殺人犯がひそんでいる可能性が…。（コミックス64巻71ページ）

(ホ)ワィ ディッド ザ マーダラァ カム オウヴァ トゥー ズィス ハウス

Why did the murderer come over to this house?

なぜその殺人犯はこの家にやって来たのでしょう？

come over は家などに「**やって来る**」ということを表すの。「殺人犯」は、『名探偵コナン』でよく出てくる言葉だけど、英語では murderer と言うのよ。

209 with tears in *one's* eyes
ウィズ　ティァズ　イン　ワンズ　アィズ

これを英語にすると

涙を流しながらな…

SCENE 20年前に森村刑事が職務質問をした際の連続殺人犯の様子を、松本管理官が思い出しています。
（コミックス64巻123ページ）

ヒー　ワズ　（ホ）ウィッスリング　　　　ウィズ　ティァズ　イン

He was whistling, with tears in
ヒズ　アィズ

his eyes. かれはなみだを流しながら口笛をふいていました。

with tears in *one's* eyes は「なみだながらに」という意味だよ。
実はこの場面では、自動車の中の男の人は口笛をふいているので、英訳は「かれはなみだを流しながら口笛をふいていた」としてあるんだ。「口笛をふく」は whistle だよ。

SCENE **210** トーク トゥー ワンセルフ

talk to *oneself*

これを英語にすると

いつも中で誰かと話されているんですよ！
ひょっとしたら独り言かもしれませんが…

まさか、金庫の開け方を忘れてしまって誰かに聞いてるんじゃ？
さあ…
………

SCENE 怪盗キッドが、またも鈴木次郎吉に強とう予告。次郎吉のボディーガードが、次郎吉が日課としている金庫をチェックする際の様子を話しています。（コミックス65巻18ページ）

メイビィ ヒー トークス トゥー ヒムセルフ

Maybe he talks to himself.

もしかしたら、かれは独り言を言っているのかもしれません。

talk to *oneself* で「**独り言を言う**」を表すの。oneself は主語によって変わって、ここでは he に合わせて himself となっているわね。似た表現に say to oneself があるけど、これは口には出さずに「心の中で思う」ことを表すのよ。maybe は「たぶん、ひょっとすると」の意味ね。

SCENE 211 you know

これを英語にすると

SCENE 怪盗キッドが次郎吉に変装している可能性を、コナンが指てきしています。（コミックス65巻24ページ）

It's Jirokichi, you know!

それは次郎吉なんですよね！

you know は「**〜なんですよね、〜でしょ**」という感じで、表現をやわらげたり、軽く相手に念をおすときに使うんだ。ここではコナンが推理を続けていくうちにわかってきたので、「〜だよね」という感じで使っているよ。

SCENE **212**

Can I help you?

これを英語にすると

SCENE メイド姿に変装して金庫を開けようとしている怪盗キッドに、コナンが手伝いを申し出ています。（コミックス 65 巻 31 ページ）

Can I help you?

お手伝いしましょうか？

Can I help you? は困っている人に「**手伝いましょうか**」と言うときに使うの。Can を May にして May I help you? と言うこともできるけど、これだと、よりていねいな感じになるわね。

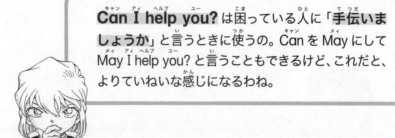

SCENE **213**

think about ～

これを英語にすると

SCENE 阿笠博士と灰原は、街でぐう然、ジョディ先生を見かけます。
(コミックス 65 巻 47 ページ)

Maybe she was thinking about something.

たぶん、かの女は何かを考えていました。

think about ～ は「(～の) ことを考える」という意味だよ。この英文を直訳すると、「たぶん、かの女は何かのことを考えていたのです」となるよ。

SCENE **214** **on *one's* way home**

おい おい おい…
また博士のビートル、エンストしたのかよ!?
そ、そうなんじゃ…
山梨で発明品の新作発表会があってのォ…
ああ…毎年2月の頭に博士が行ってるヤツね…
その発表会を終え、帰る途中で突然動かなくなってしまったんじゃ…

これを英語にすると

SCENE 阿笠博士の車（ビートル）は、よく動かなくなってしまうようで…。
（コミックス65巻86ページ）

On my way home, the engine stopped suddenly.

帰宅とちゅうで、エンジンがとつぜん止まりました。

on *one's* way home は「**帰宅とちゅうで**」の意味で、ここでは阿笠博士自身が帰宅とちゅうなので、one's は my となっているわ。on the way home と言うこともあるわよ。suddenly は「とつぜん」の意味ね。

215 　コール　エィ　ビー
call A B

これを英語に
すると

まさか、人の血で真っ赤に染まった壁が森のどこかにあるとか?

違うわよ! 人の血で血塗られたって敢ちゃんが言ってるだけで実際は…

直に現場を見てもらうためにわざわざ東京まで迎えに行ったんだからな!

ホー…

それと、俺はお前の上司だ…

敢ちゃんは止めろ…

はいはい、大和敢助警部!

でも、一応どこに向かってるかぐらい教えてくれても…

この森の中に建てられた古い家で…

名前は「希望の館」…

SCENE 長野県警の大和敢助と上原由衣が、小五郎たちと事件現場に車を走らせています。2人は上司と部下ですが、幼なじみでもあるのです。(コミックス65巻119ページ)

ドゥント　コール　ミー　カンチャン
Don't call me Kan-chan.

私を敢ちゃんと呼ぶのはやめなさい。

コール　エィ　ビー
call A B は「A を B と呼ぶ」を表して、A と B にはそれぞれ具体的な言葉が入るよ。

SCENE 216 take aaway （テイク アウェイ）

これを英語に
すると

何者かが
持ち去った
か…

この倉に
潜む…

その辺に
転がってんじゃ
ねーのか？

探しましたけど、
見つかりません
でした！

――となると
この辺の床や
壁だけ動いて、
その仕掛けのスキ間に
入って隠れてしまったか
もしくは…

SCENE 倉の中に置いておいたはずの光彦のバッジがなくなってしまいました。
（コミックス 66 巻 91 ページ）

Someone took it away.
だれかがそれを持ち去りました。

take away ～（テイク アウェイ）は「（～を）持ち去る」を表すわ。
～を away の前において take ～ away の語順にす
ることもあるの。took は take の過去形ね。

SCENE 217 〜 and so on

これを英語にすると

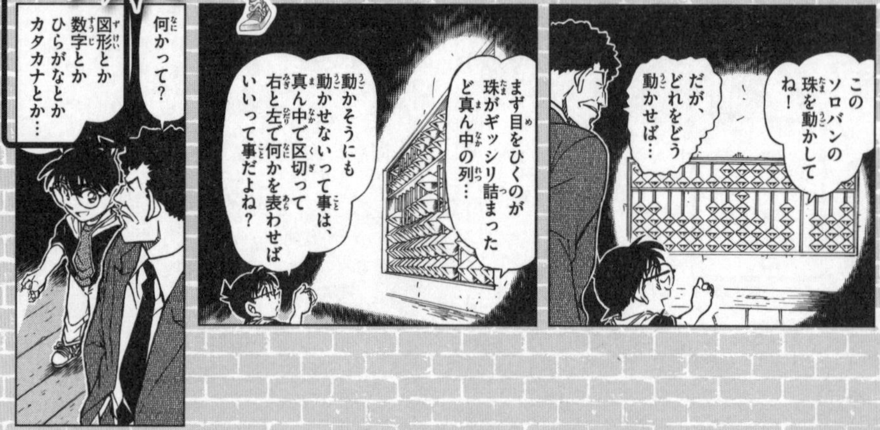

SCENE 事件の謎を解くカギをにぎるそろばんのトリック。そこにかくされた秘密とは?
(コミックス66巻111ページ)

Figures, numbers, hiragana, katakana, and so on.

図形、数字、ひらがな、カタカナなど。

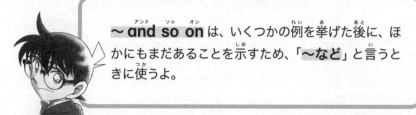

〜 and so on は、いくつかの例を挙げた後に、ほかにもまだあることを示すため、「**〜など**」と言うときに使うよ。

殴られたのは夜の7時55分から8時5分までの10分間だそうだ…

えらい正確やな…

今日は丁度この店の1周年で…

お客さん全員にクラッカーを渡して、8時ジャストに簡単なお祝いをしたらしいんだ…

血塗れのそいつがトイレで1人でおるのを見つけて、警察に通報したんやな?

ほんで、クラッカー鳴らし終わってしばらく経っても戻って来ーへんから様子見に行ったら…

すぐに戻って来るって言ってね…

店員がクラッカーを渡し始めたのは8時5分前…

カウンターで飲んでたこの人にも1周年の事を話して渡したんだけど…そのままクラッカーをテーブルの上においてトイレに立ったそうだ…

これを英語にすると

SCENE 傷害事件のあった店で、高木刑事と平次が事件の様子について話しています。
(コミックス66巻130ページ)

The clerk started to hand out party poppers at five to eight.
ザ　クラーク　スターティッド　トゥー　ハンド　アウト
パーティ　パッパァズ　アット　ファイヴ　トゥー　エイト

その店員がクラッカーを配り始めたのは8時5分前です。

hand out 〜 は「(〜を) 配る」を表すの。ひもを引くとポンと音のなるクラッカーのことを、party popper と言うわ。five to eight で「8時まであと5分」という意味よ。

SCENE

219 ~, right?

あ、ああ…観て来たよ…
東都スタジアムの東京スピリッツ対ビッグ大阪を！
これを英語にすると
サッカー観てきたんだね！
ああ！1対2の、最後までハラハラさせるいい試合だったよ！
まあ、僕はビジターのビッグ大阪のファンだったから…
勝ってグラウンドで抱き合うビッグの選手達に肩身の狭い思いで拍手してたけどね…

SCENE 傷害事件の加害者の疑いがある男に、コナンが話しかけています。
（コミックス 66 巻 142 ページ）

You went to see the soccer game, right?

あなたはサッカーの試合を見てきたんですよね？

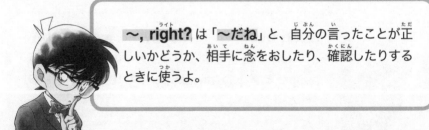

~, right? は「**~だね**」と、自分の言ったことが正しいかどうか、相手に念をおしたり、確認したりするときに使うよ。

220 arrive at 〜
アライヴ　アット

これを英語に
すると

なんなら、調べて
みなさいよ!

その飛行機、
会社の同僚と
一緒だった
から…

……

今日のお昼に
羽田に着いて、
そのまま新宿の
あの茶店の
行ったのよ!

えぇ!
福岡に…

ほ…
福岡に!?

その服を
買った客の
中に
この人はいません
でしたか?

さぁ…

私に
買えるわけ
ないでしょ?

昨夜
出張先の
福岡でタクシーの
移動中に、電話で
服を買った事を
聞いたんだから!

SCENE 殺人犯の疑いをかけられた女性が、目暮警部たちと話しています。
（コミックス 67 巻 17 ページ）

I arrived at Haneda Airport at noon today.
アイ　アライヴド　アット　ハネダ　エァポート　アット　ヌーン　トゥデイ

私は今日の昼に羽田空港にとう着しました。

arrive at 〜 で「(〜に) とう着する」を表すわ。ここでは、女の人は飛行機でとう着したので、「羽田空港 (Haneda Airport)」になるわね。

Can I speak to 〜?

SCENE 職員室にいる小林先生に、警察から電話がかかってきました。
（コミックス68巻11ページ）

Can I speak to Ms. Kobayashi?

小林先生をお願いできますか？

Can I speak to 〜? は「（〜を）お願いできますか」と、電話口に話したい相手を呼び出してもらうことをたのむときの言い方だ。257ページの May I speak to 〜? も同じように使われるけど、そっちのほうが、よりていねいだよ。

222 every morning

これを英語にすると

でも、伴蔵さんはなんでこんな所で…

犯人に呼び出されたんじゃないか？

いえ、日課になってたみたいです…

毎朝、起きたらまずここへ来て…

窓から川を見張っていたと旅館の人が話していましたから…

徳備六朗（42）
画家

この双眼鏡でね…

だから、どーして？

きっと、その川に流されて息子の辰彦が亡くなったからだと思います…

SCENE 殺人事件のひ害者の様子について、小五郎が聞きこみをしています。
（コミックス69巻23ページ）

Every morning, he came here
first after he got up.

毎朝、かれは起きた後、最初にここに来ました。

every morning は「毎朝」という意味よ。ここで話題になっているのは伴蔵という男性のことなので、主語は he となっているわね。英文を直訳すると「毎朝、かれは起きたらすぐにここに来た」となるわ。

223 Me, neither.
ミー　ニーザァ

これを英語にすると

お、おい待てよ！この男にだって動機はあるぜ！

5年前、突然鉄山先生に映画の主役を降ろされて、それ以来役者をやってねーんだからな！

そいつは本当か？

ええ…あの時は少しは恨みもしましたが、今じゃ感謝してますよ…

お陰で役者以外の色々な事を経験できてますからね…

わ、私だって殺したいほど憎んでたわけじゃないわよ！

お、俺もだよ!!

Me, neither.
ミー　ニーザァ

私もそうではありません。

人の発言を受けて、「自分もそうです」と言うときの Me, too. は157ページにあったね。**Me, neither.** は相手の「〜ではない」という発言に、「自分もそうではない」と言うときに使うよ。

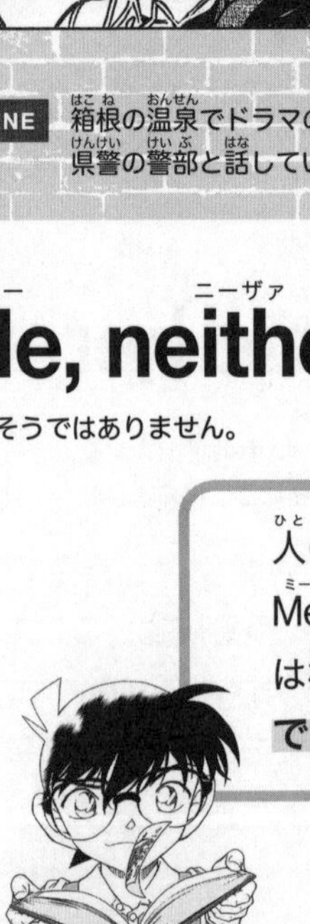

224 give a speech

ギヴ ア スピーチ

これを英語にすると

毛利さんが壇上でスピーチをしてらした時だったかと…

あれは丁度、

浦井星江(49)
浦井垂人の妻

突然、主人が大きなうめき声をあげて倒れ…

それっきり動かなくて…

SCENE パーティー会場で起こった殺人事件について、ひ害者の妻が警察に事情を説明しています。
（コミックス 69 巻 119 ページ）

Mr. Mori was giving a speech on the stage.

ミスタァ モウリ ワズ ギヴィング ア スピーチ

オン ザ ステイヂ

毛利さんがだん上でスピーチをしていました。

give a speech は「スピーチ（演説）をする」という意味よ。give の代わりに make を使って、make a speech とも言うわよ。

SCENE **225** **stand up**

SCENE　ま犬に追われて転とうした和葉を、蘭が助け起こしています。
(コミックス70巻135ページ)

Stand up!

立ちなさい！

stand up は「**立つ、立ち上がる**」という意味だ。蘭が転んだ和葉を助け起こしている場面なので、ここでは命令文で使っているぞ。

SCENE **226** (ホ)ワット カインド オヴ
What kind of ～?

SCENE ロンドンのシャーロック・ホームズ博物館で、守衛と男の子がもめているようです。
(コミックス71巻49ページ)

(ホ)ワット カインド オヴ ケイス
What kind of case?

どんな種類の事件ですか？

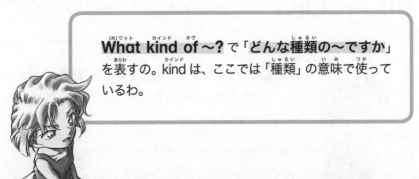

What kind of ～? で「どんな種類の～ですか」を表すの。kind は、ここでは「種類」の意味で使っているわ。

Would you 〜?
ウッド ユー

これを英語にすると

Now,can I ask your successful adventures?
（じゃあ、そろそろ貴方が手掛けた事件の話を聞かせて頂けるかしら？）

Sleeping detective?
（眠りの小五郎さん？）

おい？って？

待ってて！2人を連れて戻るから！

Now,would you start your story,O.K?
（さぁ、話して頂けます？）

オ…オーケー…

Since I learned you're a famous detective in Japan…
（貴方が日本の名探偵だとお聞きしましたので…）

I've brought a party of friends tonight…
（今晩は、知人を大勢連れて参りましたのよ…）

SCENE コナンたちをロンドンに招待してくれたダイアナさんとの食事会の場面です。
（コミックス71巻72ページ）

Now, would you start your story, OK?
ナゥ ウッド ユー スタート ユァ ストーリィ オゥケィ

さぁ、あなたの話を始めていただけませんか？

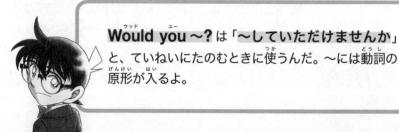

Would you 〜? は「〜していただけませんか」と、ていねいにたのむときに使うんだ。〜には動詞の原形が入るよ。

SCENE **228** **Pardon me?**

これを英語にすると

じゃあオメーの方が上でいいから、その推理を聞かせろよ!
ん?
何やて?
声が小そうてよー聞こえへんかったわ…
だからその理由を聞かせろって!
その前や…
オ…
オメーの方が上でいいから…

SCENE コナンよりも自分のほうが名探偵だと言う平次に、それでもいいから事件についての推理を聞かせろとコナンがせまっています。(コミックス74巻86ページ)

Pardon me?

なんと言いましたか?

Pardon me? は、相手の言ったことが聞き取れなかったときに、「**なんと言いましたか**」と聞き返す表現よ。Pardon? だけでも、同じ意味で使われるわよ。

SCENE 229　come from 〜
カム　フラム

これを英語にすると

ほんで？あんた故郷どこやねん？

と、東京生まれの東京育ちだけど…

住まいは米花町のマンションで…

な、名前は須貝絡利…

須貝絡利 (39)
客

この少年は!?

な、何なんですか!?刑事さん!?

まあ、気になさらず言われた質問に答えて…

SCENE 殺人事件の容疑者の１人に、平次が質問しています。（コミックス74巻94ページ）

Where do you come from?
(ホ)ウェア　ドゥー　ユー　カム　フラム

あなたはどちらの出身ですか？

come from 〜 で「(〜の) 出身である」を表すよ。「〜の出身である」の意味では現在形で使うんだ。相手の出身地を聞くには、Where are you from? と言うこともできるよ。

leave for 〜
リーヴ　フォア

3人で出かけたんですか?

ええ…伊豆にいる友達の親が温泉旅館をやってて、安く泊めてくれるっていうから…

3人共、仲がいいんですね…

ま、まあ傳川の悪口をよく言い合ってたし…

彼をこのアパートから追い出す術はない物かと…旅館で相談を…

これを英語にすると

んで、ついさっき3人で帰って来たら目覚まし時計のベルが鳴っててよ…

自分の部屋に荷物を置いてしばらくしても鳴り止まなかったから…

また3人で彼に文句言いに行ったのよ!

して、扉を破り死体を発見したわけですね…

温泉に出かけたのって昨夜のいつ?

6時ぐらいだったわよ…

SCENE アパートの部屋に男性の死体が。現場に来た刑事の高木と美和子が、同じアパートの住人に事情を聞いています。(コミックス75巻58ページ)

What time did you leave for the hot spring last night?
（ホ）ワット　タイム　ディッド　ユー　リーヴ　フォア　ザ
ハット　スプリング　ラスト　ナイト

あなたは昨夜、何時に温泉に出かけましたか?

leave for 〜 で「（〜へ）向けて出発する」を表すの。〜には「場所」が入るわ。ここでは「昨夜のいつ」と相手に聞いているので、What time 〜?（何時に〜ですか）と具体的な時間をたずねるかたちになっているわね。

231 How are you doing?
ハゥ　アー　ユー　ドゥーイング

これを英語にすると

やっほー、コナン君元気かァ!?

う、うん…まぁ元気だよ…

何だよ？そのつれないリアクション…この前悪い女から助けてやっただろ!?

そ、そだね…

SCENE 世良真純がコナンに電話をかけています。（コミックス 76 巻 88 ページ）

How are you doing, Conan?
ハゥ　アー　ユー　ドゥーイング　　コナン

元気かい、コナン君？

How are you doing? は、親しい人に「**元気かい**」とたずねるときに使うよ。289 ページに How are you? があるけど、それよりもくだけた言い方だよ。

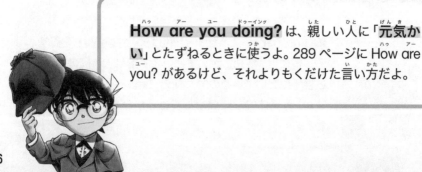

チェインヂ トゥレインズ
change trains

これを英語にすると

イット ウィル テイク ア ラット オヴ タイム トゥー
It will take a lot of time to
チェインヂ トゥレインズ
change trains.　列車を乗りかえるのに、かなり時間がかかります。

change trains は「列車を乗りかえる」という意味よ。trains と複数形になることに注意すること。ここでの take は「(時間が) かかる」を表すわよ。

SCENE **233** **No, thank you.**

SCENE ミステリートレインの乗務員が、乗客の１人に話しかけています。
(コミックス78巻10ページ)

No, thank you.

いいえ、けっこうです。

Thank you. はお礼を言うときの決まった表現だったな。これに No を付けて **No, thank you.** とすると、相手の申し出に対して「**いいえ、けっこうです**」と、ていねいに断るときの言い方になるんだ。

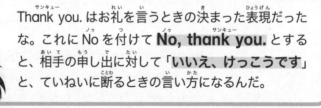

234 How are you?
ハゥ アー ユー

これを英語にすると

園子さん
お元気ですか？

最近自分は
空手のトレーニングに
テニスを取り入れて
おりまして…

今度
帰国した
折には
是非、お手合わせ
して頂きたく
ビデオメールに
した次第で…

わぁー！
京極さんだ！！

SCENE 園子のスマホに、京極真からのビデオレターが届きました。
（コミックス78巻121ページ）

How are you, Sonoko?
ハゥ アー ユー ソノコ

お元気ですか、園子さん？

How are you? は「お元気ですか、こんにちは」を表す、決まり文句のようなあいさつの表現よ。286ページの How are you doing? は覚えているかしら？

SCENE 235 be made of ～

SCENE 怪盗キッドが、鈴木次郎吉の宝石をぬすみにやって来たようです。
(コミックス79巻18ページ)

It was made of iron.

それは鉄でできていました。

be made of ～は「(～で) できている」と、材料を示す表現だ。材料が見た目でわかるときに使われるよ。材料の見た目が変わってしまってわからない場合にはCheese is made from milk.(チーズは牛乳から作られる) のように、be made from ～で表すよ。

SCENE **236** フラム ナゥ オン

from now on

終わりだわ私…
主人だけが頼りだったのに…
これから先どーやっていけば…
これを英語にすると
寅倉瑠莉（38）
次男（麻信）の妻
お前1人ぐらい俺がなんとかしてやるよ…
知らねぇ仲じゃねぇしな…
寅倉岸治（45）
寅倉家三男

SCENE 夫をなくした女の人が、なみだながらになげいています。（コミックス79巻135ページ）

ハウ キャン アイ リ�ヴ フラム ナゥ オン

How can I live from now on?

これから私はどうやって生きていけばいいのでしょう？

from now on で「**今後は、これからは**」を表すわよ。ここでの live は、「生きる、生活する」という意味ね。

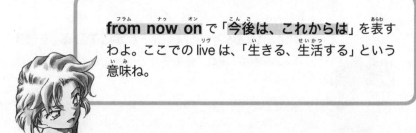

SCENE

237 depend on ～

これを英語にすると

SCENE 宅配便の冷蔵車の中に閉じこめられてしまったコナンたち。冷蔵車の中にいた近所ののらねこ（大尉）を使って、だっ出しようとしています。（コミックス80巻49ページ）

Our lives depend on you.

私たちの命はあなたにかかっています。

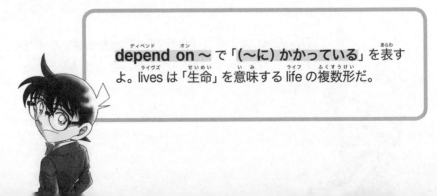

depend on ～ で「（～に）かかっている」を表すよ。lives は「生命」を意味する life の複数形だ。

238 every year
エヴリィ　　　　イア

これを英語に
すると

パトカーでじゅん回中の宮本由美と少年探偵団が話をしています。
（コミックス80巻120ページ）

My mother does it every year.
マイ　　マザァ　　　　ダズ　イット　エヴリィ　　イア

私の母は毎年それをしています。

every year は「毎年」という意味よ。ここでの it は、
エヴリィ　イア　　　まいとし　　　　　　いみ　　　　　　　　イット
円谷君の言っている「七福神めぐり」のことね。
つぶらやくん　　い　　　　　　しちふくじん

SCENE **239** **point at ～**

あの遺書が4年前、大学受験を控えた息子さんに宛てた物だったとしたら筋が通ると思いませんか？
た、確かにそうだが、4年前って…
よ、4年前なら7歳になる市子という姪御さんも3歳だから…
七五三ですね…
その写真ならこの前、奥様に見せて頂きました…
振り袖を着た女の子を指差して…
「これ40年前の着物には見えないでしょ？」って…

これを英語にすると

SCENE 家政婦が、なくなった女性について目暮警部たちに話しています。
（コミックス 80 巻 154 ページ）

She pointed at the girl wearing a long-sleeved kimono.

かの女はふりそでを着た女の子を指差しました。

point at ～ で「**(～を) 指差す**」を表すよ。ここでの英訳は、「ふりそで」を「長いそでの着物」として訳しているよ。kimono は「着物」のことで、日本語がそのまま英語になった言葉だ。ここで指差したのは写真に写っていた大人の女性なので、主語は she となっているよ。

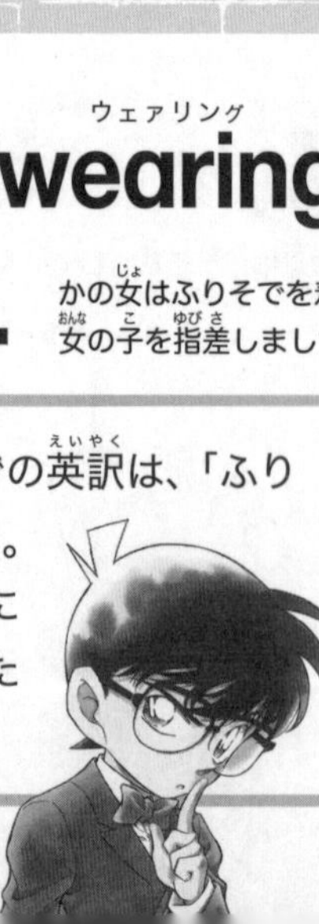

SCENE

240 Sorry.
サリィ

SCENE 神社で殺人事件が発生しました。その現場でジョディ先生と高木刑事が話しています。
（コミックス81巻6ページ）

Sorry ...
サリィ

ごめんなさい…。

「ごめんなさい」と謝るときに使う I'm sorry. は、23ページに出てきたわね。知っている人どうしのくだけた会話では、このように I'm を省略して **Sorry.** を使うこともあるのよ。

SCENE **241** ## have a headache

このマンションの管理室に事情を話して鍵を開けてもらったんだ…
なぁ?
あぁ…
そしたら風呂場で3人重なって倒れてたから…
慌てて警察を呼んだんだよ…
加賀充昭(22)
大学生
けど何だったんだあの臭い…
風呂場でクラっときたけど…
まだちょっと頭が痛ぇな…
クロロホルムだよ…
これを英語にすると

SCENE 殺人事件の現場となったふろ場には、異しゅうがただよっていました。
(コミックス81巻104ページ)

I still have a slight headache.

私はまだ少し頭が痛いです。

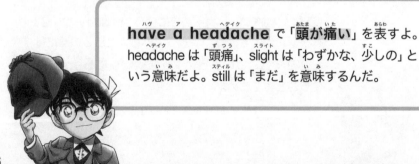

have a headache で「**頭が痛い**」を表すよ。headache は「頭痛」、slight は「わずかな、少しの」という意味だよ。still は「まだ」を意味するんだ。

SCENE **242**

come down to ～

SCENE 蘭の母親の英理は、蘭たちと会うために、ロビーに降りてきたと話しています。
(コミックス 81 巻 132 ページ)

I came down to this lobby.

私はこのロビーに降りてきました。

come down は「降りる、下がる」という意味よ。to ～は「～へ」という行き先を示す表現なので、**come down to ～** で「**(～へ) 降りてくる**」という意味になるわよ。

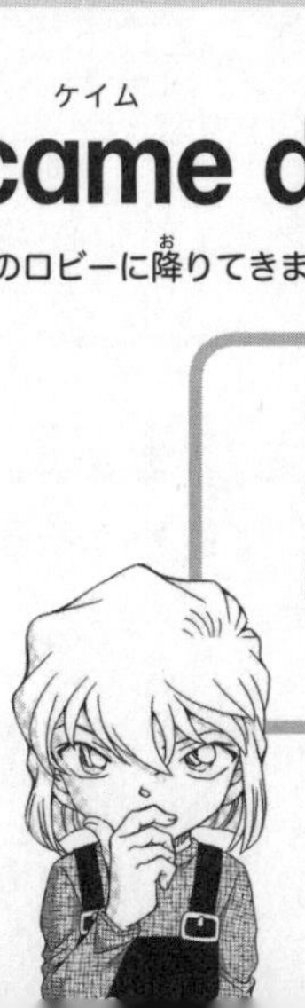

SCENE **243** **keep ～ing**

SCENE 中学校の先生たちがボウリング場に集まっていますが、来るはずの同りょうの１人が、姿を現しません。（コミックス 81 巻 143 ページ）

It keeps raining.

ずっと雨が降り続いています。

keep ～ing で「**ずっと～し続ける**」を表すよ。it は天候について言うときに主語として使われるぞ。It's cloudy. なら「くもっています」だ。

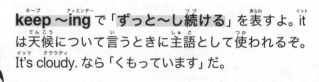

SCENE **244** # be ready for ～

SCENE 殺人事件のトリックをあばくための実験をするようです。
（コミックス 81 巻 167 ページ）

They are ready for the experiment.

かれらは実験の準備ができています。

be ready for ～ で「**（～の）準備ができている**」を表すの。ここでは、実験の準備をしていたのはかん識の人たちなので、主語は they となっているわね。experiment は「実験」の意味よ。

245 around the world
アラウンド　ザ　ワールド

これを英語にすると

儂が世界中を駆け回ってようやく手に入れたアレキサンドライト…

翠緑の皇帝…グリーン・エンペラーがな!!

し、しかしキッドの誰にでも成り済ませる変装術…いかなる事態にも臨機応変に対応する頭脳に加え…

とても人間業とは思えない身体能力をデータとして加算すれば…

どんな防犯システムでも結果は同じかと…

なんならキッドの数値を2割減にしてシミュレーションし直してみてはいかがでしょう?

彼も人の子…体調の悪い日もあるでしょうし…

たわけ!!

SCENE 鈴木次郎吉が、怪盗キッドに宝石をぬすまれるのではないかと心配しています。（コミックス 82 巻 10 ページ）

I went around the world.
アイ　ウェント　アラウンド　ザ　ワールド

私は世界中のあちこちに行きました。

around the world は「世界中（のあちこち）」という意味だ。

SCENE **246** # in addition to ～

SCENE 園子の母親である朋子にも、怪盗キッドから宝石を守る、何か良い手段があるようです。（コミックス82巻26ページ）

In addition to it, I have a secret plan.

それに加えて、私には秘密の計画があります。

in addition to ～ で「(～に)加えて」を表すのよ。この英文の it は、空手の達人である京極さんが宝石の警護をすることを指しているわ。

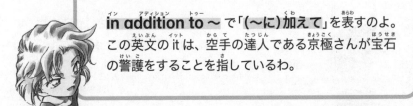

これを英語にすると

ある日急に帰って来なくなっちまったんスよ！

SCENE 小五郎たちが、いなくなったねこについて話し合っています。
（コミックス82巻65ページ）

One day, he suddenly disappeared.
ワン デイ ヒー サドゥンリィ ディサピアド

ある日、かれはとつぜん姿を消しました。

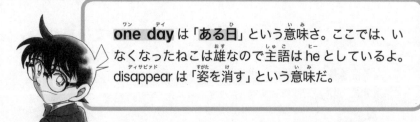

one day は「ある日」という意味さ。ここでは、いなくなったねこは雄なので主語は he としているよ。disappear は「姿を消す」という意味だ。

SCENE 248 Look!

これを英語にすると

SCENE 事件が起きたマンションの部屋のインターホンに、何か気になるものが写っているようです。（コミックス82巻92ページ）

Look!

見なさい！

look は「見る」という意味ね。**Look!** は「**見て**」と、人に注意をうながして、目を向けさせるときに使うわよ。

SCENE 249 Not really.

ナット　リー（ァ）リィ

これを英語にすると
そしてこの子が蘭君の所に厄介になってる江戸川コナン君!
ボクなんかより頭が切れる探偵さ!
へ――――…
そ、そんな事ないよ…
一応この貸し別荘で妙な事件が起きた時の証拠写真をデジカメで撮ってたから…
澄香がプリントアウトして持って来るって言ってたんだけど…
あ、来た来た澄香～!
例の写真持って来た?
ええ…

SCENE コナンは自分を子どもっぽく見せるため、わざとけんそんしているのかもしれません。（コミックス82巻170ページ）

ナット　リー（ァ）リィ

Not really.

いいえ、それほどでもないです。

Not really. は人の発言に対して、「**それほどでもない**」と言うときに使うよ。

250 have a good time
ハヴ ア グッド タイム

でもこれ、何の集まりなんですか？

高校のアウトドア部…

子供の頃は全然だったけど…3年も外国にいたら慣れちゃったよ…

さすがアメリカ帰り！

世良の姉ちゃん、ナイフとフォークの使い方うまいね…

じゃあさっきの赤い服の女の人がもう1人の部員なんですね！

5人って事は…

部員は同級生の5人だけだったけど…

まあ、高校生だから活動はほとんど夏休みぐらいだったなぁ…

み、みんなで山登ったりキャンプやったりしてたよ…

楽しくやってたよ！

これを英語にすると

SCENE コナンたちが、アウトドア部の元部員たちと話をしています。
（コミックス82巻172ページ）

We had a good time.
ウィー ハッド ア グッド タイム

私たちは楽しく過ごしました。

have a good time は「楽しく過ごす」という意味よ。good を great に代えた have a great time（すばらしい時を過ごす）も、よく使われるわ。had は have の過去形よ。

SCENE 201〜250 までに出てきた英熟語を、これまでに登場したまんがの
場面を思い出しながら、答えてみよう！

わかるかな？　Q **37**

Stand
（スタンド）

Stand [ ] !

立ちなさい！

[ ] の中に入る単語を次の中から選んでみよう！ ➡

❶ away （アウェイ）　❷ up （アップ）　❸ down （ダウン）

（コミックス 70 巻 135 ページ）

わかるかな？

Q 38

Pardon [　　] ?

なんと言いましたか？

[　] の中に入る単語を次の中から選んでみよう！↓

❶ I ❷ my ❸ me

これを英語にすると
じゃあオメーの方が上でいいから、その推理を聞かせろよ！
ん？何やて？
声が小そうてよー聞こえへんかったわ…
だからその理由を聞かせろって！
その前や…
オ…
オメーの方が上でいいから…

(コミックス 74 巻 86 ページ)

わかるかな？

Q 39

　　　アー　　　ユー　　　　　　　　ソノコ
☐ are you, Sonoko?

げん き　　　　　　　　　そ の こ
お元気ですか、園子さん？

☐ の中に入る単語を次の中から選んでみよう！⬇
　なか はい たん ご つぎ なか えら

ハゥ　　　　　　　　　　フー　　　　　　　　（ホ）ワット
❶ How　┊　❷ Who　┊　❸ What

（コミックス 78 巻 121 ページ）
　　　　　　　　かん

わかるかな？

Q 40

(ホ)ウェア ドゥー ユー フラム

Where do you ☐ from?

あなたはどちらの出身ですか？

☐ の中に入る単語を次の中から選んでみよう！

❶ go　❷ make　❸ come

これを英語にすると

な、名前は須貝絡利…
住まいは米花町のマンションで…
須貝絡利(39)
客
ほんで？あんた故郷どこやねん？
と、東京生まれの東京育ちだけど…
な、何なんですか！刑事さん!?
この少年は!?
まぁ、気になさらず言われた質問に答えて…

(コミックス74巻94ページ)

答えは389ページ

SCENE 201〜250までに出てきた英熟語を、これまでに登場したまんがの場面とは
ちがう場面を見ながら、答えてみよう！ 少し難しいけど、君ならできる!!

わかるかな？

Q41

I'm not a ⬚ of a circus.

私はサーカスの団員ではありません。

⬚ の中に入る単語を次の中から選んでみよう！ ⬇

❶ member メンバァ ┊ **❷ number** ナンバァ ┊ **❸ cucumber** キューカンバァ

これを英語にすると

サーカスの団員ではない…

え？そなの？

確かに俺は3つの国を渡っているが…

サーカスの団員になってしまうだろ？

でないと旅行好きな人は全て…

あーそっか！

このアコーディオンのアザに気付いたのはよかったが…

これは酒場で客にリクエストされた曲を伴奏する時にできたアザ…

バイトにしてはいい金になる…

（コミックス92巻32ページ）

わかるかな？

Q42

His classmates ☐ him Gari.

ヒズ　クラスメイツ　　　　　ヒム
ガリ

かれのクラスメートはかれのことをガリと呼びます。

☐ の中に入る単語を次の中から選んでみよう！ ⬇

❶ tell | **❷ say** | **❸ call**
テル　　　　　セイ　　　　　コール

じゃあ、その後その少年がどうなったか知らないんですな？

はい…

その少年が大怪我を負いながら私を病院まで運んでくださった事は後でお聞きしましたけど…

「親を連れてまた来る」と言って病院を後にしたっきり、帰っていらっしゃらなかったそうで…

でも、名前ぐらいは聞いていたでしょ？

何日も一緒に遊んでいたんだから…

ガリ君！

クラスのみんなには「ガリ」って言われてるからそう呼んでくれって…

これを英語にすると

（コミックス64巻60ページ）

阿笠博士のつぶやき

「サイン」はsignではない！

日本語での「サイン」が英語ではsignではないことも多いので、注意が必要じゃ。「手紙や書類へのサイン（署名）」はsignatureで、こうした書類に「サイン（署名）する」という動作にはsignを使うぞ。また、「有名人などのサイン」はautographで、女優が「サインする」ことをsign her autographのように言うんじゃ。野球などのスポーツで「選手に送るサイン」はsignalで、「サインを送る」はgive a signal（またはsend a signal）となるぞ。

FILE 6

SCENE 251〜300

SCENE **251** (ホ)ウェン

When?

これを英語にすると

SCENE 園子は窓の外にあやしい人かげを目撃しました。
(コミックス 83 巻 25 ページ)

(ホ)ウェン

When?

いつ？

When? だけで、相手に対して「**いつ？**」とたずねることができるよ。また、ここでは世良が「どこで !?」と言っているけど、これも Where? だけで OK だ。

do *one's* best

これを英語に
すると

そして数年後に世界が大変な事になっちゃうって聞かされたヒロインが、そうならないように未来を少しずつ変えるって話よ！

その相手が悪い奴だったらどーすんのよ？

でもヒロインは頑張っちゃうの！

その人の事が好きになっちゃったから！

へー…ちょっと面白そうだな…

てね、事あるごとにヒロインが聞くのよ…「あなたは何者なの？私とどういう関係なの？」って…

でも答えはいつも決まって「電話と海と俺」…

SCENE 蘭がお気に入りの小説のあらすじを説明しています。
（コミックス 83 巻 82 ページ）

バット　ザ　ヘロウイン　ダズ　ハー　ベスト
But the heroine does her best.

しかし、そのヒロインは全力をつくします。

do *one's* best は「**全力をつくす**」という意味よ。one's のところには主語によって my, your, his, her, our, their が入るわよ。heroine は女性なので、ここでは her（かの女の）となっているわね。

SCENE **253**

Yes, let's.

これを英語にすると

SCENE サッカーをする予定が、あいにくの雨。コナンが博士の家でゲームをするという提案をしています。（コミックス83巻102ページ）

Yes, let's.

いいですね、やりましょう。

Yes, let's. は、相手から「～しようよ、～しようか？」とさそわれたり、提案されたりしたときに、「**うん。やろう**」と同意する言い方だ。同意しない場合は No, let's not.（いや、やめておこう）のように言うよ。

SCENE **254**

That's too bad.

そりゃ怒るわよ!
杯戸中央病
伶菜に勧められて買った株が暴落して…
こっちは大損したっていうのに…
別府華月(41)
見舞い客
伶菜はちゃっかり下がる前に売りぬいて大儲けしたんだから!!
そ、そりゃーご愁傷様です…

これを英語にすると

SCENE 小五郎と目暮警部は意外な事実におどろいて、思わず言ってしまったようです。
(コミックス84巻113ページ)

That's too bad.

それはお気の毒です。

That's too bad. は「**それはお気の毒です**」と、相手に同情するときに使う表現よ。

SCENE **255** in the future

SCENE 児童の保護者が、女性教師・澁谷について語っています。
(コミックス 84 巻 148 ページ)

He says he is going to marry Ms. Shibuya in the future.

かれは将来、澁谷先生と結婚すると言っています。

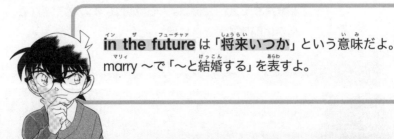

in the future は「将来いつか」という意味だよ。
marry ～で「～と結婚する」を表すよ。

SCENE

256 What time ～?

これを英語にすると

あら…あなたもかなり短いんじゃありません？
私は教師じゃないので…
元教師だけどな…

それで？
あなたは何時頃渋谷先生と会われたんですか？
夜の8時過ぎですわ…

SCENE 児童の保護者が、女性教師・澁谷と会った時刻をたずねられています。
（コミックス84巻148ページ）

What time did you see Ms. Shibuya?

あなたは何時ごろ、澁谷先生と会いましたか？

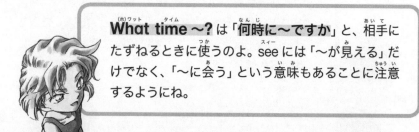

What time ～? は「**何時に～ですか**」と、相手にたずねるときに使うのよ。see には「～が見える」だけでなく、「～に会う」という意味もあることに注意するようにね。

<ruby>アイド<rt></rt></ruby> <ruby>ライク<rt></rt></ruby> <ruby>トゥー<rt></rt></ruby>
I'd like to 〜

<ruby>中<rt>なか</rt></ruby>に<ruby>入<rt>はい</rt></ruby>っても<ruby>構<rt>かま</rt></ruby>いませんか？

ええ…あなた<ruby>1人<rt>ひとり</rt></ruby>なら…

<ruby>少<rt>すこ</rt></ruby>し<ruby>話<rt>はなし</rt></ruby>をしたいんですが…

これを<ruby>英語<rt>えいご</rt></ruby>にすると

<ruby>申<rt>もう</rt></ruby>し<ruby>訳<rt>わけ</rt></ruby>ありませんが、<ruby>外<rt>そと</rt></ruby>で<ruby>待<rt>ま</rt></ruby>たれてるお<ruby>連<rt>つ</rt></ruby>れの<ruby>方達<rt>かたたち</rt></ruby>はご<ruby>遠慮<rt>えんりょ</rt></ruby><ruby>願<rt>ねが</rt></ruby>います…

SCENE <ruby>工藤宅<rt>くどうたく</rt></ruby>を<ruby>安室透<rt>あむろとおる</rt></ruby>が<ruby>訪問<rt>ほうもん</rt></ruby>しています。（コミックス85<ruby>巻<rt>かん</rt></ruby>22ページ）

I'd like to talk a little with you.
<ruby>私<rt>わたし</rt></ruby>は<ruby>少<rt>すこ</rt></ruby>し、あなたとお<ruby>話<rt>はなし</rt></ruby>がしたいです。

「〜したい」と<ruby>言<rt>い</rt></ruby>うときの want to 〜 は109ページに<ruby>出<rt>で</rt></ruby>てきたね。**I'd like to 〜** も「〜したい」を<ruby>表<rt>あらわ</rt></ruby>すけど、I want to 〜 よりもていねいな<ruby>言<rt>い</rt></ruby>い<ruby>方<rt>かた</rt></ruby>だ。〜には<ruby>動詞<rt>どうし</rt></ruby>の<ruby>原形<rt>げんけい</rt></ruby>が<ruby>入<rt>はい</rt></ruby>るぞ。

258 make a mistake
メイク ア ミステイク

これを英語にすると

大間違いだったな…

彼女は守君の両親を死に追いやった上に…

やっとできた守君の友人まで自分の手で亡くしちまったんだから…

SCENE せっとう団の一員だった女性の行動を、コナンがなげいています。
（コミックス86巻68ページ）

She made a big mistake.
シィ メイド ア ビッグ ミステイク

かの女は大きなまちがいをしました。

make a mistake は「まちがいをする」という意味よ。ここでは女の人の行動を「まちがいだった」と言っているので、主語は she となっているわね。

SCENE **259** **look at ～**

これを英語にすると

SCENE ポケットから写真を取り出した平次。そこに写っているのは、ようかい？
(コミックス 86 巻 72 ページ)

Look at this picture.

この写真を見なさい。

look at ～ で「(～を) 見る」を表すよ。ここでは、文を Look で始めて命令文の形で使っているな。

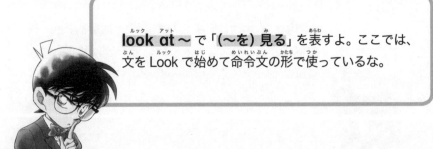

SCENE 260 go through 〜
ゴゥ スルー

これを英語にすると

まずは、この露天風呂からスタートや！

大旦那の叫び声聞いて離れに行くのに近道やっちゅうここに来たオレらは…

風呂ん中通らな離れに行かれへんちゅう事で…

遠回りやけど一旦旅館の外に出て裏口から行く事にした……

もちろん湯の中に透明な台がないのを…

ポィ

SCENE 事件現場の様子を平次たちが調べています。
（コミックス 86 巻 118 ページ）

We have to go through the bath to get to the other building.

ウィー ハフ トゥー ゴゥ スルー ザ
バス トゥー ゲット トゥー ズィ アザァ ビルディング

私たちがはなれに行くためには、ふろを通らなくてはなりません。

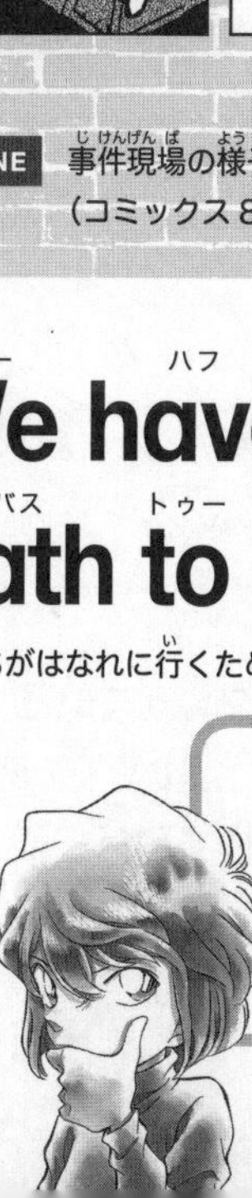

go through 〜 は「（〜を）通りぬける」という意味ね。have to 〜は「〜しなければならない」だったわね。51 ページを見てみなさい。

SCENE **261** ビー オン ザ ティーム
be on the ～ team

これを英語にすると

SCENE 長野県警の刑事が連続して殺される事件が発生しました。
(コミックス86巻174ページ)

ユー アー オン ザ タケダ ティーム
You are on the Takeda team.

あなたは竹田チームに入っています。

be on the ～ team で「**～チームに入っている**」を表すよ。team はスポーツのチームだけでなく、同じ仕事をする1つのグループのことも指すんだ。

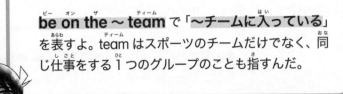

SCENE **262** ワーリィ アバウト

worry about ～

SCENE 連続殺人事件を解決するため、大和敢助は危ない目にあいました。
(コミックス87巻35ページ)

アィ ワーリィド アバウト ユー

I worried about you.

私はあなたを心配しました。

worry about ～ で「(～の) ことを心配する」を表すわよ。worry は「心配する」という意味だけど、「心配しないで、気にしないで」を表す Don't worry. もよく使われる表現よ。

263 be different from 〜
ビー　ディフ（ァ）ラント　フラム

これを英語にすると

違うって？

沙弥さんのブログって杏奈さんと全然違うなーって…

え？

沙弥さんのブログだよ！

ってコナン君さっきから何見てるの？

SCENE コナンが女性タレントのブログをチェックしています。
（コミックス87巻61ページ）

Saya's blog is very different from Kyona's blog.
サヤズ　ブラグ　イズ　ヴェリィ　ディフ（ァ）ラント　フラム　キョウナズ　ブラグ

沙弥さんのブログは杏奈さんのブログとは全然ちがっています。

be different from 〜 は「（〜とは）ちがっている」という意味だよ。ここでは2人のブログを比べているので、Saya's blog（沙弥のブログ）、Kyona's blog（杏奈のブログ）としているよ。

SCENE **264**

at the age of ～

これを英語にすると

SCENE 新一が４才の時に蘭に語りかけた言葉が、ずいぶんと大人びていました。（コミックス87巻146～147ページ）

Shin-ichi already talked like a grown-up at the age of four.

新一は４才で、すでに大人のように話しました。

at the age of ～ で「**～才で**」を表すわよ。工藤君の「泣きたい時は…泣いていいと思うぞ」という大人びた言葉に対しての発言よ。grown-up は「大人」の意味ね。

SCENE **265**

I'll take it.

これを英語にすると

SCENE ラーメン屋のカウンターに座っている真純が、チャーハンとギョウザの持ち帰りをたのんでいます。（コミックス88巻26ページ）

I'll take them.

私はそれを買います。

I'll take it. は店で「**それを買います、それをもらいます**」と、物を買って持ち帰るときに使うよ。ここではチャーハンとギョウザの2品なので、it の代わりに them（それら）となっているね。レストランなど、その場で食べるなら take の代わりに have を使って、I'll have it. と言うよ。

また出たよ…。
部長の
思いつき…

でももう学祭まで
時間ないよ？

ミステリーで
観客をあっと
驚かした方が
いいって！

どーせ俺ら素人が
撮っても大した作品に
ならないんなら…

この映画
ホラーじゃなく
ミステリーに
しないか？

ミステリー
だよ！

ゾンビを無しに
する訳じゃない…
本当の殺人犯は
ゾンビじゃなく
生身の人間だったって
トリックにするんだよ！

ゾンビ映画を
撮ろうって
言いだしたの
部長でしょ？

ぶ、部長のお兄さんに
借りた機材も返さなきゃ
いけないし…

これを英語に
すると

SCENE　ホラー研究会のメンバーが、学園祭で上映する映画について話し合っています。
（コミックス88巻 94ページ）

We have to take the equipment back to your brother.
ウィー　ハフ　トゥー　テイク　ズィ　イクウィップマント
バック　トゥー　ユァ　ブラザァ

私たちは、あなたのお兄さんに借りた機材を返さなくてはなりません。

take 〜 back で「（〜を）返す」を表すの。take back 〜という語順でも使うわよ。部員が部長に話しているので、「部長のお兄さん」を your brother（あなたのお兄さん）としているわ。equipment は「機材」のことよ。

SCENE **267**

ハゥ　アバウト　ユー
How about you?

これを英語にすると

ちょっと規則にうるさ過ぎなのと…
私の事をちっとも思い出してくれないのが玉に瑕だけど…
君はどうだ？
え？
由美さんと一緒にミニパトに乗ってたんだろ？
その日、妙な物を見たとか覚えてないか？
3か月前の事だけど落ち着いて考えれば思い出せると思うから…
——ったく…

SCENE 千葉刑事が苗子に対して、パトロール中に何か見ていないか聞いています。
（コミックス 89 巻 71 ページ）

ハゥ　アバウト　ユー
How about you?

あなたはどうですか？

How about you? は、自分やほかの人が意見を述べたり、説明したりした後に、相手に「**あなたはどうですか**」とたずねるときの表現だよ。

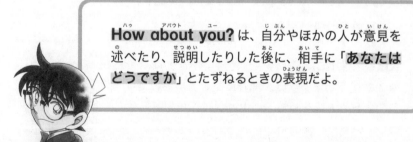

SCENE **268** **be in the ～ club**

これを英語にすると

SCENE 蘭の知り合いの陽奈とコナンたちが、歩きながら会話しています。
(コミックス 89 巻 77 ページ)

Hina-san is also in the karate club.

陽奈さんも空手部に入っています。

be in the ～ club で「**～部（クラブ）に入っている**」を表すわよ。324 ページに似た表現の be on the ～ team があったわね。

SCENE 269　リトゥル　バィ　リトゥル little by little

SCENE 高木刑事の同りょうの千葉刑事はダイエット中です。
（コミックス 89 巻 93 ページ）

I'm losing weight little by little every day.

アイム　ルーズィング　ウェイト　リトゥル　バィ　リトゥル　エヴリィ　デイ

私は毎日少しずつ体重が減っています。

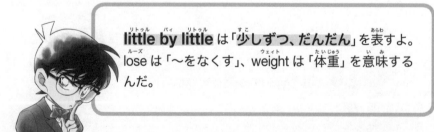

little by little は「少しずつ、だんだん」を表すよ。
lose は「～をなくす」、weight は「体重」を意味するんだ。

SCENE **270** ホウルド オン
hold on

SCENE 下校中の蘭に、コナンが電話をかけています。（コミックス 89 巻 99 ページ）

ヂャスト ホウルド オン
Just hold on.

電話を切らずにちょっと待ちなさい。

hold on は「**電話を切らずに待つ**」という意味よ。ここでは蘭が「待って」とたのんでいるので、命令文になっているわね。ここでの just は「ちょっと」の意味よ。

SCENE **271**

Don't forget ～.

これを英語にすると

SCENE 太っていた千葉がダイエットした結果、すっかり別人になったかのようです。
（コミックス 89 巻 103 ページ）

Don't forget me.

私を忘れないで。

Don't forget ～. で「（～を）忘れないで」を表すよ。ここでは「自分のことを忘れないで」と言っているので、～には me（私を）が入っているよ。

SCENE 272 Great.

これを英語にすると

SCENE 赤井秀一が、スコッチのことを思い出しています。（コミックス 90 巻 144 ページ）

Great, Scotch.

すばらしい、スコッチ。

Great. は「**すばらしい**」という意味をこめて、相手をほめる場合に使うことができるのよ。

protect 〜 from ...
プラテクト　　　　フラム

静岡県警の横溝参悟です！

通報によるとなにやら大きな化け物を見たようですが…

皆さん、お待たせしました！

これを英語にすると

その化け物から皆さんをお守りしましょう！

私が来たからには大丈夫！

もう2人、死んでしもてるんやけどな…

I'm going to protect you from the monster.
アイム　ゴウイング　トゥー　プラテクト　ユー　フラム　ザ　マンスタァ

私はあなたたちをその化け物から守ります。

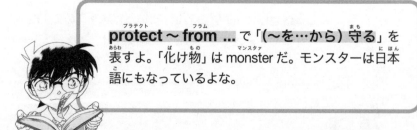

protect 〜 from ... で「（〜を…から）守る」を表すよ。「化け物」は monster だ。モンスターは日本語にもなっているよな。

SCENE **274** **be surprised at ～**

これを英語にすると
毒殺された丹沢さんは、元々オレらがおった3階の左端の部屋に移ったんやったよな？
ああ…
部屋の位置からすると一番怪しいのは真下の部屋にいた増子さん…
丹沢さんが火に驚いて窓から顔を出した所を…

SCENE なくなった丹沢の死因について、コナンが推理しています。（コミックス91巻28ページ）

Mr. Tanzawa was surprised at the fire.

丹沢さんは火におどろきました。

be surprised at ～ で「**(～に) おどろく**」を表すの。at の代わりに by を使うこともできるわ。丹沢は男性なので、男性の名前に付ける敬しょうの Mr. を使っているわね。

SCENE **275** オン ティーヴィー
on TV

これを英語にすると

SCENE 事件の謎について、コナンが説明しています。
(コミックス91巻41ページ)

アィ ソー イット オン ティーヴィー
I saw it on TV.

私はそれをテレビで見たことがあります。

on TVは「**テレビで、テレビに**」という意味だ。Kogoro is on TV. なら「小五郎のおじさんがテレビに出ているよ」となるよ。

SCENE 276 Lucky you.

これを英語にすると

まぁ、染地さん殺したナイフは池にでも捨ててしもたんやろけど…
丹沢さんを殺した毒針は鑑識さんが見つけてへんちゅう事は、あんたが持ってたボールペンのシンにまだ入ってるんとちゃうか？
縫い針をツマヨウジに交差させて結び付けたら二股の毒針は作れるし…

ラッキーやったのォ…
うまい事丹沢さんのアゴに毒針が刺さって…
ラッキーじゃないわ…

SCENE 殺人犯のトリックがあばかれています。（コミックス91巻45ページ）

Lucky you.

ついていますね。

Lucky you. は、何かうまくいった人に対して「**ついてるね、良かったね**」と言うときに使う、くだけた表現よ。自分が「ついてる」なら、Lucky me. と言うことができるわ。

SCENE **277**
at that time

SCENE 女性が、学生時代に夫としていた交かん日記のことを話しています。
(コミックス 91 巻 82 ページ)

I thought so at that time.

私はそのころは、そう思いました。

at that time は「**当時は、そのころは**」という過去を示す表現だよ。thought は think（思う）の過去形だ。

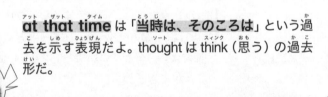

SCENE 278 How many ～?

ええ！見たのは試着室の前に脱いであった…
白いサンダルだけよ！
これを英語にすると
そのサンダルなら私も見ました！
わ、私も！
その時、店内には何人ぐらいお客さんがいたんですか？
4、5人いたと思いますけど…
人が殺されたと聞いて皆さん関わりたくないって帰られてしまって…

SCENE デパートで起きた殺人事件の捜査のため、刑事が店員と客にたずねています。
（コミックス91巻168ページ）

How many customers were there in this shop then?

その時、このお店の中には何人のお客さんがいましたか？

How many ～? は**「何人の～ですか、いくつの～ですか」**と、数をたずねるときに使うわよ。customers は customer（客）の複数形ね。How much ～? は覚えているかしら？ 94ページを見ておくように。

graduate from 〜
_{グラヂュエイト フラム}

これを英語にすると

まるで死神に魅入られた幼稚な子供のよう…

しかも大学を卒業したらFBIに入るだなんて…

実は「父の事件の真相を探りに行ってた」ですって？

アメリカで勉強したいって言うから留学させたのに…

後は、3年の職務経験を積み筆記試験と体力テストにパスするだけ…問題はないさ…

グリーンカードもアメリカ国籍も取った…

SCENE 海水浴場で赤井秀一が母と話をしています。（コミックス 92 巻 24 ページ）

You are going to join the FBI after you graduate from college.
ユー アー ゴウイング トゥー ヂョイン ズィ エフビーアィ
アフタァ ユー グラヂュエイト フラム カリッヂ

あなたは大学を卒業した後、FBIに入るつもりです。

graduate from 〜 で「（〜を）卒業する」を表すよ。FBI（連ぽう捜査局）は、全米にまたがる犯罪を取りしまる組織だ。

SCENE **280** **I'd love to ～**

笑った顔が見てみたい…

これを英語にすると

SCENE 兄が全然笑わないので、その笑顔を世良真純は見てみたいと思いました。
(コミックス 92 巻 26 ページ)

I'd love to see his smiling face.

私はかれの笑顔が見たいです。

I'd like to ～ (**～したい**) は 320 ページにあったわね。**I'd love to ～** も同じ意味だけど、主に女の人が使う言い方よ。ここでは、世良真純は「兄」の笑った顔が見たいと思っているので、his smiling face となるの。

SCENE **281**

no problem

これを英語にすると

真純！もう止めなさい！
ママ！
貴方もわかってるでしょ？私達が事件にかかわっちゃいけない人間だって事…
問題はないさ…

Case Closed!（真相は見えた！）
後は、犯人を名指しするだけだから…

SCENE 赤井秀一とその母には、目立つ行動をさけなければならない事情があるようです。（コミックス92巻52ページ）

No problem.

問題ないです。

no problem は「**問題ない**」という意味だけど、いろいろな状きょうで使うことができるよ。何かをたのまれたときに No problem. と答えれば「いいですよ」という承だくの意味になるし、Thank you.（ありがとう）への答えに使えば、「どういたしまして」となるんだ。

SCENE **282** **in the evening**

これを英語にすると

じゃあ夕方6時半頃でどうだ？
すぐに食べられるように仕度しておくし…
言っとくけど、私、食事なんかじゃごまかされないから…
あと、どーせ作ってくれるなら私の好きなパエリアで！
まあこれから先も作る事になると思うけど？
いや…

SCENE 男性が自宅の前で、パートナーの女性に夕飯の時刻について提案しています。
（コミックス92巻119ページ）

Then how about six thirty in the evening?

では、夕方の6時半ごろでどうでしょう？

in the evening は「**夕方に、晩に**」の意味よ。in the morning（75ページ）、in the afternoon（163ページ）も思い出して。

蘭ちゃん週末暇やーって言うてたし…

暇は暇なんだけど…たった今買い物して来た所で…夕飯の仕度まだしてなくて…

これを英語にすると

お父さんが帰って来るの夜7時頃って言ってたから…

そろそろ作り始めないと…

ほんならアタシも手伝ったげるから2人でチャッチャと作って…

アタシらは、イルミネーション見ながら夜御飯食べへん？

え〜！

SCENE 小五郎の事務所に、とつぜん和葉がやって来ました。
（コミックス 92 巻 167 ページ）

マイ　　　　ファーザァ　　　ウィル　　カム　　　ホウム　　アット
My father will come home at
アバウト　　　セヴン　　イン　ズィ　　イーヴニング
about seven in the evening.
私の父は夜の7時ごろに家に帰ってきます。

come home は「帰宅する」という意味だよ。go home（80 ページ）も「家に帰る」だったな。ここでは話している蘭のいるところに帰るので、go ではなく come（来る）を使うよ。

SCENE 284 show 〜 around

ショウ アラウンド

蘭ちゃんか──！
ええ名前やんか──！！

オレの住んでるトコ京都の上京区やねん！

これを英語にすると

案内すんでェ！

そやから京都に遊びに来る事あったら声掛けてな──！

な、何この人…

SCENE 全国剣道大会に京都から出場している沖田総司が、蘭に話しかけています。
（コミックス93巻151ページ）

I'll show you around.

アイル ショウ ユー アラウンド

私はあなたを案内します。

> **show 〜 around** で「（〜を）案内する」を表すの。〜には「人」が入るわよ。show 〜 around ... とすると「（〜に…を）案内する」となるわ。〜には「人」、...には「場所」が入るの。I'll show you around Kyoto.「私はあなたに京都を案内します」のように使うのよ。

SCENE 285 out of 〜
アウト　オヴ

これを英語に
すると

そうか…

誰も厨房から
出なかった
2時の間は
1時半から
死亡推定時刻の

そうです…

その時間、誰が
更衣室に入ったかは
わからないと…

それと、
厨房の出入リ口から
この更衣室の扉は
死角になっていて…

厨房

更衣室

あ、でもこの店の
元シェフって人が
料理の指示をしに
一度厨房に
来たらしくて…

それ、私の
弟です…

SCENE 殺人事件の現場を、高木刑事と目暮警部が捜査中です。
（コミックス94巻42ページ）

Nobody went out of the kitchen.
ノウバディ　ウェント　アウト　オヴ　ザ　キッチン

だれも、ちゅうぼうから出ませんでした。

out of 〜 で「（〜から）外に」を表すぞ。went は
go の過去形だな。nobody は「だれも〜ない」という
意味だ。

SCENE **286** テイク オーフ
take off ～

SCENE 殺人事件の真相をコナンたちが推理しています。
(コミックス94巻63ページ)

ユー ハッド トゥー テイク オーフ ユァ サックス
You had to take off your socks.

あなたはくつ下をぬがなくてはいけませんでした。

take off ～ は「**(～を) ぬぐ**」という意味で、take ～ off という語順でも使うわ。ここでは、くつ下をぬがなければならなかったのは目の前の女の人なので、主語は you としているわね。

SCENE **287** **last week**

SCENE 事件を依頼された新一は、事件のカギをにぎる暗号を求めてやって来ました。
(コミックス94巻131ページ)

I received this last week.

私はこれを先週受け取りました。

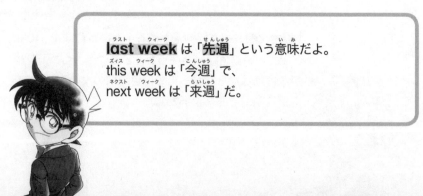

last week は「先週」という意味だよ。
this week は「今週」で、
next week は「来週」だ。

これを英語にすると

まず、前日にあの部屋に泊まり天井に血しぶきと足跡を絵の具で描いて乾かし…

その付せんを天井一面に貼って覆い隠しておく…

もちろん次の日もその喫煙部屋であるその部屋を予約するのを忘れずに…

静電気付せん！西木さんが脚本の直しに使っていたアレを利用したんですよね？

静電気の力でどんな壁や物にも接着剤なしで貼り付ける事ができるあの付せんを…

それと同時に他の喫煙部屋も全室予約しておいて…

西木さんが予約の電話をかけたタイミングで絵の具の部屋をキャンセルすれば…西木さんをその部屋に宿泊させる事ができる！

SCENE　新一が殺人事件のトリックを見破っている場面です。
（コミックス95巻14ページ）

You put sticky notes all over the ceiling to cover them.
ユー　プット　スティッキィ　ノウツ　オール　オウヴァ　ザ　スィーリング　トゥー　カヴァ　ゼム

あなたはそれをかくすために、付せんを天じょう一面にはりました。

all over 〜で「（〜の）一面に」を表すわよ。付せんは sticky note だけど、ここではたくさんの付せんをはっているので、複数形の sticky notes としているわね。ここでの them は、天じょう (ceiling) にえがいた血しぶきと足あとのことよ。

SCENE **289** # Bye for now.

これを英語にすると

SCENE 薬の作用が消えて子どもの姿にもどる前に、新一は蘭のもとをはなれようとしています。（コミックス95巻24ページ）

Bye for now.

それでは、また。

Bye for now. は「**じゃあ、また**」と、人と別れるときに使う表現だ。Bye now. と言うこともあるぞ。

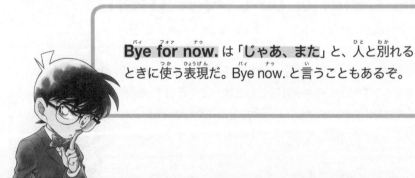

SCENE **290**

be glad to ～

SCENE 蘭が新一から届いたメールを読んでいます。
(コミックス 95 巻 31 ページ)

I'm so glad to know you love me too.

私は、あなたも私を愛していると知ってうれしいです。

be glad to ～ で「(～して) うれしい」を表すの。
～には動詞の原形が入るわよ。

ビー ボーン イン

be born in 〜

これを英語に
すると

ボクは、日本で生まれて日本で育った…日本人なのに…

違うよ!! アイツらがボクの頭の色が変だってからかうから…

ケンカ好きなのね…

あら また君?

こんなのツバ付けとけば治るっつーの!

でも血が出てるよ?

SCENE 安室が自分の少年時代を思い出しています。(コミックス95巻129ページ)

アイ ワズ ボーン イン ヂャパン

I was born in Japan.

私は日本で生まれました。

ビー ボーン イン

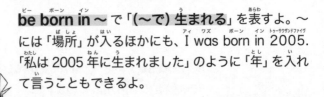

be born in 〜 で「(〜で) 生まれる」を表すよ。〜
には「場所」が入るほかにも、I was born in 2005.
「私は2005年に生まれました」のように「年」を入れ
て言うこともできるよ。

SCENE **292** ウォーク アラウンド
walk around

これを英語にすると

まぁ、床に落ちた付け爪ぐらい踏んじまうよ…
シャーロック・ホームズみてーに虫眼鏡持って歩き回ってるワケじゃねーんだからな!!

SCENE 殺人事件のひ害者の付けづめを蘭がふんでボロボロにしてしまったことを、小五郎がなぐさめています。（コミックス 95 巻 133 ページ）

You don't walk around with a magnifying glass like Sherlock Holmes.

ユー ドウント ウォーク アラウンド ウィズ ア マグナファィイング グラス ライク シャーラック ホウムズ

あなたは、シャーロック・ホームズのように
虫眼鏡を持って歩き回ることはしません。

walk around は「**歩き回る**」という意味よ。「虫眼鏡」は magnifying glass ね。ここでの like は「～のように」を表しているわ。

SCENE **293** # Let me think.

え？
その昔…中国で名を馳せたある軍師がそう言ったそうですよ？
あんた警察の方か？
ええ…警視庁ではありませんが…
しかし守りを固めろと言ってもどうすれば…？
展示物を客に見せる気があるのかと毎回批判されておるし…
フム…
では、こうすればいかがかな？
これを英語にすると

SCENE 怪盗キッドをつかまえようと策を練る鈴木治郎吉のところに、警察の人が現れます。(コミックス96巻59ページ)

Let me think.

ええと。

Let me think. は「**ええと**」と、ちょっと考えるときに使うよ。214ページのLet's see.も見てみよう。

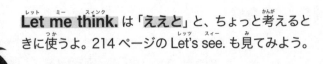

SCENE 294 It's too ～.

これを英語にすると

SCENE 平次と和葉のいた部屋は、冷ぼうが効きすぎていました。
（コミックス 96 巻 91 ページ）

It's too cold.

寒すぎます。

It's too ～. で「**～すぎる**」を表すわよ。「暑すぎる」なら It's too hot. となるわね。

SCENE **295** **See you later.**

SCENE 平次と和葉がちょっとの間、コナンたちと別れます。(コミックス 96 巻 93 ページ)

See you later.

また後で。

See you later. は、「**また後で**」という意味の別れのあいさつだよ。See you. (35 ページ)、See you soon. (237 ページ) という言い方もあったな。

SCENE 296 You're welcome.

SCENE 警視庁で荷物を受け取った諸伏警部が、高木刑事に礼を言っています。(コミックス96巻116ページ)

You're welcome.

どういたしまして。

You're welcome. は、相手にお礼を言われたときに、「どういたしまして」という気持ちをこめてする返事よ。

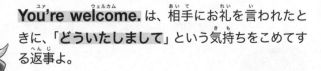

SCENE 297 Good.

SCENE ひょんな事からドラマの代役を務めることになった京極真の動きを、かんとくがほめています。(コミックス96巻122～123ページ)

Good! Good!

いいですね！

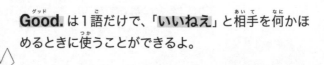

Good.は1語だけで、「**いいねえ**」と相手を何かほめるときに使うことができるよ。

SCENE **298**

That's good.

SCENE ドラマの刑事役にスカウトされた京極。園子は大いに乗り気のようです。
(コミックス96巻126ページ)

That's good.

それはいいですね。

That's good. は、「**それはいい**」と相手に感想を述べるときに使うわよ。That's nice. と言うこともできるわね。

SCENE 299 I don't know.

SCENE 阿笠博士の家でゲームをしている少年探偵団。世良のことが話題になっています。
（コミックス96巻175ページ）

I don't know.

私はわかりません。

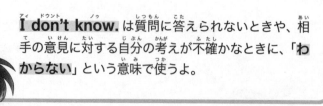

I don't know. は質問に答えられないときや、相手の意見に対する自分の考えが不確かなときに、「**わからない**」という意味で使うよ。

SCENE **300** **Sure.**

じゃあ私達も手伝います！
いえいえ…
こういう事は児童にも手伝ってもらうようにしなきゃ！
吉田さんだっけ？
手伝ってくれる？
これを英語にすると
うん！

SCENE 課外授業の山菜採りで、歩美が手伝いを求められています。
(コミックス 97 巻 109 ページ)

Sure.

いいですよ。

Sure. は人から何かたのまれたときに、「**いいですよ**」と引き受けるときに使うのよ。

SCENE 251〜300までに出てきた英熟語を、これまでに登場したまんがの
場面を思い出しながら、答えてみよう！

わかるかな？

Q 43

I saw it ☐ TV.
アイ　ソー　イット　　　　ティーヴィー

私はそれをテレビで見たことがあります。

☐ の中に入る単語を次の中から選んでみよう！ →

1 on オン ┆ **2** in イン ┆ **3** at アット

（コミックス91巻41ページ）

Q 44

☐ for now.

それでは、また。

☐ の中に入る単語を次の中から選んでみよう！↓

❶ Eye ❷ Bye ❸ See

（コミックス 95 巻 24 ページ）

答えは 389 ページ

SCENE 251〜300までに出てきた英熟語を、これまでに登場したまんがの場面とはちがう場面を見ながら、答えてみよう！ 少し難しいけど、君ならできる!!

わかるかな？

Q45

☐ time was it?

それは何時ごろでしたか？

☐ の中に入る単語を次の中から選んでみよう！ ↓

❶ Which （ホ）ウィッチ ｜ ❷ What （ホ）ワット ｜ ❸ How ハゥ

女性の夜の一人歩きは危ないと思って…

でも、そろそろ帰る時間だからこの職員室に来たらもうおられなくて帰られたのかと…

それ、何時頃ですか？

これを英語にすると

8時半過ぎだと思います…

なので戸閉まりを警備の人に頼んで帰りました…

菅本佳晴(30)
小学校教師

（コミックス84巻146ページ）

わかるかな？

Q 46

［　　］ at this.

これを見なさい。

［　　］の中に入る単語を次の中から選んでみよう！↓

❶ See　❷ Look　❸ Watch

あの時も病院に運び込まれた時にはもう手遅れで…
その子のお父さんにはなかなか納得してもらえませんでしたけど…
これを英語にすると
でも、なんでそんな人が小川さんに物を送るんだ？感謝してプレゼントするんならわかるが…
ほら、これ見てよ！
このゲームにセーブしてある名前…
オ、オギノトモヤ？
ど、どういう事だ？
それは贈り物でも中古品でもない…

（コミックス3巻153ページ）

答えは389ページ

Q47

ソウ　　　ハウ　　　　　　　ユー
So, how ☐ you?

ところで、あなたはどうですか?

☐の中に入る単語を次の中から選んでみよう！ ⬇

アバウト
❶ about ┊ イン
❷ in ┊ ウィズ
❸ with

それに
あの二人のケンカは
年中行事…
気にするだけ
損だよ！

ウーム…
ケンカするほど
仲がいいと
いうが…

これを英語に
すると

ところで
どうなんじゃ？
君の方は…

オレの
方…？

蘭君じゃよ！
仲よくやっとる
か？

ハハハ…
電話する度に
怒られてるよ、
「いつになったら
帰って来るの？」
ってな…

こっちはイヤになるほど
毎日顔を合わせてるって
いうのによ！…

（コミックス14巻7ページ）

わかるかな？

Q **48**

Shall I show you [　　] ?
シャル　　アイ　ショウ　　ユー

私があなたを案内しましょうか？

[　] の中に入る単語を次の中から選んでみよう！ ⬇

❶ to　　❷ over　　❸ around
トゥー　　オウヴァ　　アラウンド

何かあったのか？その竹田って刑事と…

え、ええ…前にちょっとね…

これを英語にすると

それより川中島の戦場巡りをしてるなら案内してあげよっか？

え？いいんですか？

そうですねぇ…捜査会議まで本部に戻ってもしばらく時間がありますし…

このまま本部に戻ってもお前のいれるまずいコーヒーを飲むだけだしな…

失礼ねぇ！課長は前よりうまくなったって…

（コミックス 86 巻 140 ページ）

わかるかな？

Q 49

Was Yukiko ☐ in Kochi?

有希子は高知の生まれでしたか？

☐の中に入る単語を次の中から選んでみよう！↓

❶ birth　❷ born　❸ come

いやぁ上町かえ？
私、こんまい頃ようあこの鏡川へ泳ぎに行ったで！
ほうかよ！
鏡川は、げにまっこときれいな川やったきのう、坂本龍馬も、あこで泳げるようになっちゅうがよ！
これを英語にすると
と、土佐弁？
有希子って高知生まれだったかしら？
いや…女優やってた頃、龍馬の姉の乙女役をやった事があってその時に覚えたんだよ…
こーいう事には天才的だから熊本弁、東北弁名古屋弁なんかもペラペラ…

(コミックス41巻32ページ)

 答えは389ページ

最後まで
よく頑張ったぞ!!

阿笠博士のつぶやき

不吉な13

日本では「死」を連想させる4や、「苦」を連想させる9が不吉な数とされることがあるじゃろ。欧米では13が不吉な数とされ、ホテル・病院・飛行機などでは多くの場合、13階・13号室・13番などはないんじゃ。これは、キリストの最後の晩さんのときに、テーブルについていた人数が、裏切り者のユダをふくんで13人だったことによるとされているんじゃ。また、キリストがはりつけになったとされる「金曜日」も不吉なものととらえられ、この2つが重なる、「13日の金曜日」（Friday the 13th）は特に不吉な日と考えられているぞ。

コラム⑥

それに今日は13日の金曜日。
早く帰って大人しく寝た方がよさそうだしね！

\ よく使う /

表現集

FILE 1～6までに登場した英熟語のなかで、特によく使う英熟語について、ジャンル別にまとめてあるよ。ジャンルが同じ英熟語を、いっしょに覚えていくと、英語がどんどん上達するぞ！

あいさつ

Good morning.
グッド　モーニング
おはよう。 ➡ P202

Good afternoon.
グッド　アフタァヌーン
こんにちは。 ➡ P233

Good evening.
グッド　イーヴニング
こんばんは。 ➡ P164

How are you doing?
ハウ　アー　ユー　ドゥーイング
元気かい？ ➡ P286

How are you?
ハウ　アー　ユー
お元気ですか？ ➡ P289

What's up?
（ホ）ワッツ　アップ
元気かい？ ➡ P183

Welcome to 〜.
ウェルカム　トゥー

（〜へ）ようこそ。 ➡ P197

Nice to meet you.
ナイス　トゥー　ミート　ユー

はじめまして。 ➡ P59

Happy New Year!
ハピィ　ヌー　イァ

新年おめでとう！ ➡ P234

別れるとき

See you later.
スィー　ユー　レイタァ

また後で。 ➡ P358

See you.
スィー　ユー

じゃあね。 ➡ P35

Bye for now.
バイ　フォア　ナウ

じゃあ、また。 ➡ P352

See you soon.
スィー　ユー　スーン

近いうちに、またね。 ➡ P237

Take care.
テイク　ケァ

体に気をつけて。 ➡ P175

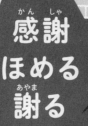

**感謝（かんしゃ）
ほめる
謝る（あやま）**

サンキュー
Thank you.
ありがとう。 ➡ P15

サンクス
Thanks.
ありがとう。 ➡ P29

サンキュー　フォア
thank you for 〜
（〜を）ありがとう。 ➡ P158

Thank you for helping me!
（ありがとう！助かった（たす）わ！）
あ、いえ…

ユァ　ウェルカム
You're welcome.
どういたしまして。 ➡ P359

ほめる

グッド
Good.
いいねえ。 ➡ P360

Good for you!
よくやった！ ➡ P236

Lucky you.
ついてるね。 ➡ P339

Great.
すばらしい。 ➡ P335

謝る

I'm sorry.
ごめんなさい。 ➡ P23

Sorry.
ごめんなさい。 ➡ P295

たずねる

What's your name?
(ホ) ワッツ　ユァ　ネイム

あなたの名前は？ ➡ P13

Where is your house?
(ホ) ウェア　イズ　ユァ　ハウス

家はどこですか？ ➡ P100

What are you doing?
(ホ) ワット　アー　ユー　ドゥーイング

何をしているのですか？ ➡ P18

What's wrong?
(ホ) ワッツ　ローング

どうしたのですか？ ➡ P34

What's the matter?
(ホ) ワッツ　ザ　マタァ

どうしたのですか？ ➡ P41

How about you?
(ホ) ハウ　アバウト　ユー

あなたはどうですか？ ➡ P330

いろいろなことをたずねる

How old ～?
（ハウ オウルド）
（～は年れいが）いくつですか？
➡ P12

How many ～?
（ハウ メニィ）
何人の～ですか？、いくつの～ですか？
➡ P341

How much ～?
（ハウ マッチ）
（～は）いくらですか？ ➡ P94

How long ～?
（ハウ ローング）
（～は）どのくらい？
➡ P198

What time ～?
（ホ）ワット タイム
何時に～ですか？ ➡ P319

What time is it now?
（ホ）ワット タイム イズ イット ナゥ
今、何時ですか？ ➡ P79

（ホ）ワット　アバウト
What about ～?
（～は）いかがですか？ ➡ P243

（ホ）ハゥ　アバウト
How about ～?
（～は）どうですか？ ➡ P96

（ホ）ワット　カインド　オヴ
What kind of ～?
どんな種類の～ですか？ ➡ P281

（ホ）ウェン
When?
いつ？ ➡ P314

（ホ）ワイ
Why?
なぜ？ ➡ P90

スマンけど
オレ、行かれへんわ…
えー
何でなん？

フー イズ イット

Who is it?

だれですか？ ➡ P154

(ホ)ワィ ナット

Why not?

どうしてそうではないのですか？

➡ P118

だよね？
は、はい…
あ、それと…
さっき
この辺を調べていた
所轄の刑事から報告が
あったんですが…

ライト

Right?

〜だよね？ ➡ P221

リー(ァ)リィ

Really?

本当ですか？ ➡ P261

サッカー
観てきたんだね！
ああ！
1対2の、
最後まで
ハラハラさせる
いい試合
だったよ！

じゃあオメーの方が
上でいいから、
その推理を
聞かせろよ！
ん？
何やて？
声が小そうて
よー聞こえへん
かったわ…

ライト

〜, right?

〜だね？ ➡ P274

パードゥン ミー

Pardon me?

なんと言いましたか？ ➡ P283

依頼 命令

依頼

Can you ～?
～してくれますか？ ➡ P121

あ、いや…見せてくれはりますか？

Could you ～?
～していただけませんか？ ➡ P168

おい 君達、静かにしてくれないか!?
絵に集中できないだろ!?
物部雅生(18) 美術部

Will you ～?
～してくれませんか？ ➡ P205

Now,would you start your story,O.K?
(さぁ、話して頂けます？)
オ…オーケ…

Would you ～?
～していただけませんか？ ➡ P282

May I speak to ～?
(～を) お願いできますか？ ➡ P257

Can I speak to ～?
（～を）お願いできますか？ ➡ P276

Wait a minute.
ちょっと待ってください。 ➡ P91

命令

Be quiet!
静かにして！ ➡ P149

Look!
見て！ ➡ P303

Don't do that!
それをするのをやめろ！ ➡ P160

Don't forget ～.
（～を）忘れないで。 ➡ P334

Stop ～ing.
～するのをやめて。 ➡ P21

提案
許可を求める

Can I help you?
手伝いましょうか？ ➡ P267

May I help you?
いらっしゃいませ、何にいたしましょうか？ ➡ P47

Shall I ～?
私が～しましょうか？ ➡ P225

Would you like ～?
（～は）いかがですか？ ➡ P84

Why don't you ～?
〜してはどうですか？ → P165

Let's ～.
（いっしょに）〜しよう。 → P174

Yes, let's.
うん。やろう。 → P316

Come on.
ねえ。 → P82

許可を求める

Can I ～?
私は〜してもいいですか？ → P16

May I ～?
〜してもいいですか？ → P107

同意(どうい)
反対(はんたい)

同意(どうい)

That's right.
ザッツ ライト
そのとおり。 ➡ P31

You're right.
ユア ライト
そうですね。 ➡ P76

Good idea.
グッド アイディーア
いい考(かんが)えですね。 ➡ P259

Sounds great.
サウンヅ グレイト
いいですね。 ➡ P49

I think so, too.
アイ スィンク ソウ トゥー
自分(じぶん)もそう思(おも)います。 ➡ P86

Me, too.
ミー トゥー
自分(じぶん)もそうです。 ➡ P157

I see.
アイ スィー
わかりました。 ➡ P113

Me, neither.
ミー　ニーザァ
自分もそうではない。
➡ P278

Sure.
シュア
いいですよ。➡ P363

It's OK.
イッツ　オゥケイ
だいじょうぶ。➡ P143

反対

No way!
ノウ　ウェイ
絶対にいや！➡ P85

You are kidding.
ユー　アー　キッディング
じょう談でしょう。➡ P102

No, thank you.
ノウ　サンキュー
いいえ、けっこうです。➡ P288

Not really.
ナット　リー(ァ)リィ
それほどでもない。
➡ P304

いくつ解けたかな？

練習問題

解答

Q 1 … ❶

2 … ❷

3 … ❶

4 … ❸

Q 5 … ❷

6 … ❸

7 … ❶

8 … ❶

9 … ❸

10 … ❶

11 … ❷

12 … ❶

13 … ❸

14 … ❷

15 … ❶

16 … ❶

17 … ❸

18 … ❷

Q 19 … ❷   Q 33 … ❷   Q 42 … ❸
  20 … ❸   34 … ❸   43 … ❶
  21 … ❸   35 … ❷   44 … ❷
  22 … ❷   36 … ❷   45 … ❷
  23 … ❸   37 … ❷   46 … ❷
  24 … ❶   38 … ❸   47 … ❶
  25 … ❸   39 … ❶   48 … ❸
  26 … ❷   40 … ❸   49 … ❷
  27 … ❸   41 … ❶
  28 … ❶
  29 … ❷
  30 … ❸
  31 … ❶
  32 … ❸

Good for you !

英語 さくいん

この本に出てきた英熟語の見出しを、ABC順に並べてあるよ。

A

a few ～ …… 117
a little …… 159
a lot …… 169
a lot of ～ …… 81
a member of ～ …… 258
a pair of ～ …… 229
a piece of ～ …… 227
after school …… 135
agree with ～ …… 260
all day …… 181
all over ～ …… 351
all right …… 167
all the time …… 216
～ and so on …… 272
anything else …… 242
around the world …… 300
arrive at ～ …… 275
ask for ～ …… 256
at first …… 172
at home …… 137
at night …… 45
at noon …… 203
at that time …… 340
at the age of ～ …… 327
Attention, please. …… 106

B

be afraid of ～ …… 147
be born in ～ …… 354
be different from ～ …… 326
be famous for ～ …… 222
be from ～ …… 178
be glad to ～ …… 353
be good at ～ …… 200
be in the ～ club …… 331
be interested in ～ …… 145
be made of ～ …… 290
be on the ～ team …… 324
be proud of ～ …… 119
Be quiet ! …… 149
be ready for ～ …… 299
be surprised at ～ …… 337
believe in ～ …… 153
between ～ and ... …… 170
both ～ and ... …… 142
Bye for now. …… 352

C

call A B …… 270
calm down …… 92
Can I ～? …… 16
Can I help you? …… 267
Can I speak to ～? …… 276
Can you ～? …… 121
change trains …… 287
cheer ～ up …… 144
close to ～ …… 115
come and ～ …… 139
come back …… 17
come down to ～ …… 297
come from ～ …… 284

come home 346
come in 39
come into ～ 54
Come on. 82
come over 263
come to ～ 38
Could you ～? 168

D
decide to ～ 241
depend on ～ 292
do *one's* best 315
do *one's* homework 26
do well 239
Don't do that! 160
Don't forget ～. 334
Don't worry. 89

E
each other 136
every day 58
every month 231
every morning 277
every week 103
every year 293
Excuse me. 30

F
fall down 177
far away 215
for a long time 196
for a while 111
for now 230
for *oneself* 120
for the first time 176
from now on 291
from ～ to ... 44

G
get away 146
get home 209
get off ～ 162
get on ～ 156
get to ～ 101
get up 207
give a speech 279
give up 110
go back 42
go camping 161
go fishing 206
go home 80
go into ～ 134
go on a trip 219
go shopping 228
go through ～ 323
go to bed 32
Good. 360
Good afternoon. 233
Good evening. 164
Good for you! 236
Good idea. 259
Good luck. 166
Good morning. 202
Good night. 33
graduate from ～ 342
Great. 335
grow up 150
Guess what. 105

H
hand out ～ 273

Happy New Year! 234
have a cold 53
have a good time 305
have a headache 296
have fun 97
have no idea 56
have to ～ 51
hear about ～ 224
hear of ～ 211
help ～ with ... 116
Here is ～. 180
Here you are. 83
hold on 333
How about ～? 96
How about you? 330
How are you? 289
How are you doing? 286
How long ～? 198
How many ～? 341
How much ～? 94
How old ～? 12

I I don't know. 362
I see. 113
I think so, too. 86
I'd like to ～ 320
I'd love to ～ 343
I'll do that. 88
I'll take it. 328
I'm sorry. 23
in addition to ～ 301
in front of ～ 99
in the afternoon 163

in the end 201
in the evening 345
in the future 318
in the morning 75
in total 55
It's mine. 24
It's OK. 143
It's too ～. 357

J just a minute 151
Just kidding. 46

K keep in touch 235
keep ～ing 298

L Ladies and gentlemen. 204
last month 232
last night 74
last week 350
last year 122
learn to ～ 179
leave a message 104
leave for ～ 285
Let me think. 356
Let's ～. 174
Let's see. 214
like ～ 223
listen to ～ 182
little by little 332
Look! 303
look at ～ 322
look for ～ 27
look forward to ～ 148

look like ～ …… 93
look up …… 61
lots of ～ …… 108
Lucky you. …… 339

M make a mistake …… 321
make it …… 87
May I ～? …… 107
May I help you? …… 47
May I speak to ～? …… 257
Me, neither. …… 278
Me, too. …… 157
middle of ～ …… 226

N next to ～ …… 98
Nice to meet you. …… 59
no one ～ …… 171
no problem …… 344
No, thank you. …… 288
No way! …… 85
not ～ anymore …… 152
not ～ at all …… 240
Not really. …… 304

O of course …… 123
Oh, no! …… 262
on *one's* left …… 218
on *one's* way home …… 269
on top of ～ …… 244
on TV …… 338
once upon a time …… 238
one day …… 302
one of ～ …… 173
out of ～ …… 348
over there …… 25

P Pardon me? …… 283
pick ～ up …… 210
pick up ～ …… 48
point at ～ …… 294
protect ～ from ... …… 336
put on ～ …… 208

R Really? …… 261
Right? …… 221
～, right? …… 274
right now …… 37
run away …… 40

S See you. …… 35
See you later. …… 358
See you soon. …… 237
shake hands with ～ …… 213
Shall I ～? …… 225
show ～ around …… 347
sit down …… 141
sit up …… 57
so much …… 140
Sorry. …… 295
Sounds great. …… 49
stand up …… 280
Stop ～ing. …… 21
Sure. …… 363

T take a bath …… 50
take a message …… 220

take a picture 155
take a walk 77
take away ～ 271
take ～ back 329
Take care. 175
take care of ～ 19
take off ～ 349
talk to *oneself* 265
talk with ～ 138
tell ～ to 245
Thank you. 15
thank you for ～ 158
Thanks. 29
That's good. 361
That's right. 31
That's too bad. 317
the other day 95
think about ～ 268
This is ～. 36
This is the right one. 217
this way 78
throw away ～ 28
try ～ on 112
try to ～ 43
turn left 212
turn off ～ 52
turn on ～ 114

V very much 199

W Wait a minute. 91
wait for ～ 20
walk around 355
want to ～ 109
watch *one's* step 60
Welcome to ～. 197
What a ～! 22
What about ～? 243
What are you doing? 18
What kind of ～? 281
What time ～? 319
What time is it now? 79
What's the matter? 41
What's up? 183
What's wrong? 34
What's your name? 13
When? 314
Where is your house? 100
Who is it? 154
Why? 90
Why don't you ～? 165
Why not? 118
Will you ～? 205
with tears in *one's* eyes 264
worry about ～ 325
Would you ～? 282
Would you like ～? 84

Y ～ years old 14
Yes, let's. 316
You are kidding. 102
you know 266
You're right. 76
You're welcome. 359

日本語さくいん

この本に出てきた英熟語に対応する日本語の見出しを、あいうえお順に並べてあるよ。

あ

あぁ、それはいけない …… 262
(〜と…の) 間 …… 170
あきらめる …… 110
(〜と) あくしゅする …… 213
朝に …… 75
足元に気をつける …… 60
あそこに …… 25
頭が痛い …… 296
あなたの名前は …… 13
あなたはどうですか …… 330
ありがとう …… 15, 29
(〜を) ありがとう …… 158
歩き回る …… 355
ある日 …… 302
(〜を) 案内する …… 347

い

いいえ、けっこうです …… 288
いい考えですね …… 259
いいですね …… 49
いいですよ …… 363
いいねえ …… 360
家にいて …… 137
家に帰る …… 80
家に着く …… 209
家はどこですか …… 100
(〜は) いかがですか …… 84, 243
(〜は年れいが) いくつですか …… 12
いくつの〜ですか …… 341
(〜は) いくらですか …… 94
(〜の) 一員 …… 258
一日中 …… 181
1枚の〜 …… 227
(〜の) 一面に …… 351
いつ？ …… 314
いつも …… 216
今すぐに …… 37
今、何時ですか …… 79
今のところ …… 230
いらっしゃいませ …… 47

う

(〜の) 上に …… 244
(〜で) 生まれる …… 354
(〜して) うれしい …… 353
うん。やろう …… 316

え

AをBと呼ぶ …… 270
ええと …… 214, 356

お

起きる …… 207
お元気ですか …… 289
お大事に …… 175
落ち着く …… 92
(〜に) おどろく …… 337
(〜を) お願いできますか …… 257, 276
おはよう …… 202
おやすみなさい …… 33
(〜へ) 降りてくる …… 297
(〜から) 降りる …… 162

か

買い物に行く …… 228
(〜を) 返す …… 329
帰る …… 17, 42
(〜に) かかっている …… 292
かぜをひいている …… 53

かまわない ……………… 143
体_{からだ}に気_きをつけて ……… 175
～から…へ ……………… 44
がんばって ……………… 166

き (～について) 聞_きく ……… 211, 224
(～を) 聞_きく ……………… 182
起_きしょうする ……………… 207
帰宅_{きたく}する ……………… 346
帰宅_{きたく}とちゅうで ……………… 269
昨日_{きのう}の晩_{ばん} ……………… 74
キャンプに行_いく ……………… 161
(～に) 興味_{きょうみ}を持_もっている …… 145
去年_{きょねん} ……………… 122
着_きる ……………… 208

く (～を) 配_{くば}る ……………… 273
(～に) 来_くる ……………… 38
車_{くるま}でむかえに行_いく ……… 210
(～を) 車_{くるま}に乗_のせる ……… 210
(～に) 加_{くわ}えて ……………… 301

け (～を) 消_けす ……………… 52
結局_{けっきょく} ……………… 201
元気_{げんき}かい ……………… 183, 286
(～を) 元気_{げんき}づける ……… 144

こ ご案内_{あんない}があります ……… 106
幸運_{こううん}をいのります ……… 166
合計_{ごうけい}で ……………… 55
午後_{ごご}に ……………… 163
ここに～がある ……………… 180
午前中_{ごぜんちゅう}に ……………… 75
こちらは～です ……………… 36
こちらへ ……………… 78
(～の) ことを考_{かんが}える ……… 268
(～の) ことを心配_{しんぱい}する ……… 325

この前_{まえ} ……………… 95
ごめんなさい ……………… 23, 295
これ以上_{いじょう}～でない ……… 152
これがいい ……………… 217
これがぴったりだ ……………… 217
これからは ……………… 291
転_{ころ}ぶ ……………… 177
(～を) こわがっている ……… 147
今後_{こんご}は ……………… 291
こんにちは ……………… 233, 289
こんばんは ……………… 164

さ ～才_{さい} ……………… 14
最初_{さいしょ}は ……………… 172
在宅_{ざいたく}して ……………… 137
～才_{さい}で ……………… 327
(～を) 探_{さが}す ……………… 27
昨年_{さくねん} ……………… 122
昨夜_{さくや} ……………… 74
さしつかえない ……………… 167
(～に) 賛成_{さんせい}する ……… 260
散歩_{さんぽ}する ……………… 77

し 静_{しず}かにして ……………… 149
～したい ……… 109, 320, 343
～していただけませんか … 168, 282
～してくれますか ……………… 121
～してくれませんか ……… 205
～してはどうですか ……… 165
～してもいいですか ……… 107
～しなければならない …… 51
(～に …) しなさいと言_いう …… 245
～しに来_くる ……………… 139
しばらくの間_{あいだ} ……………… 111
自分_{じぶん}で ……………… 120
自分_{じぶん}もそう思_{おも}います …… 86
自分_{じぶん}もそうです ……… 157

自分もそうではない …… 278
じゃあね …… 35
じゃあ、また …… 352
写真をとる …… 155
宿題をする …… 26
(～の) 出身である …… 178, 284
(～の) 準備ができている …… 299
(いっしょに) ～しよう …… 174
正午に …… 203
少数の～ …… 117
じょう談だ …… 46
じょう談でしょう …… 102
～しようとする …… 43
将来いつか …… 318
新年おめでとう …… 234
心配いらない …… 89

す

～すぎる …… 357
少し …… 159
少しずつ …… 332
ずっと～し続ける …… 298
ずっと遠くに …… 215
すばらしい …… 335
スピーチ (演説) をする …… 279
すみません …… 23, 30
～することに決める …… 241
～するのをやめて …… 21
座る …… 141

せ

成績がいい …… 239
成長する …… 150
世界中 (のあちこち) …… 300
絶対にいや …… 85
先月 …… 232
先日 …… 95
先週 …… 350
全然～ない …… 240
全部で …… 55
全力をつくす …… 315

そ

そうです …… 31
そうですね …… 76, 214
(～を) 卒業する …… 342
(～から) 外に …… 348
そのころは …… 340
そのとおり …… 31, 76
それはいい …… 361
それはお気の毒です …… 317
それは私の物です …… 24
それほどでもない …… 304
それを買います …… 328
それをするのをやめろ …… 160
それをもらいます …… 328
(～の) 存在を信じる …… 153

た

だいじょうぶ …… 143
たおれる …… 177
たがいに …… 136
たくさん …… 169
たくさんの～ …… 81, 108
立ち上がる …… 280
立つ …… 280
(目的地に) たどり着く …… 87
～だね …… 274
楽しく過ごす …… 305
(～を) 楽しみにして待つ …… 148
楽しむ …… 97
～だよね …… 221
だれですか …… 154
だれも～ない …… 171
だんだん …… 332

ち

～チームに入っている …… 324
(～に) 近い …… 115

近いうちに、またね …… 237
(～とは) ちがっている …… 326
着席する …… 141
ちょっと失礼 …… 30
ちょっと待ってください …… 91, 151

つ
ついてるね …… 339
(～を) つける …… 114
つりに行く …… 206

て
(～で) できている …… 290
～できるようになる …… 179
～でしょ …… 266
手伝いましょうか …… 267
(～の…を) 手伝う …… 116
テレビで …… 338
テレビに …… 338
伝言を受ける …… 220
電話を切らずに待つ …… 333

と
どういたしまして …… 359
どうしたのですか …… 34, 41
どうして …… 90
どうしてそうではないのですか …… 118
どうしてる …… 183
当時は …… 340
(～に) とう着する …… 101, 275
(～は) どうですか …… 96
(～を) 通りぬける …… 323
(～が) 得意だ …… 200
独力で …… 120
とても …… 140, 199
(～の) となりに …… 98
(～は) どのくらい …… 198
(～を) 取り上げる …… 48
とんでもない …… 85
どんな種類の～ですか …… 281

な
長い間 …… 196
(～の) 中に入る …… 134
(～を) 投げ捨てる …… 28
なぜ …… 90
～など …… 272
何にいたしましょうか …… 47
何をしているのですか …… 18
なみだながらに …… 264
何時に～ですか …… 319
～なんですよね …… 266
なんと言いましたか …… 283
なんという～だ …… 22
何人の～ですか …… 341

に
にげる …… 40, 146
2、3の ～ …… 117
(～に) 似た …… 223
(～に) 似ている …… 93

ぬ
(～を) ぬぐ …… 349

ね
ねえ …… 82
ねえ、聞いて …… 105
ねずに起きている …… 57
ねる …… 32

の
(～に) 乗る …… 156

は
(～に) 入ってくる …… 54
はい、どうぞ …… 83
(部屋や家などに) 入る …… 39
初めて …… 176
はじめまして …… 59
(～と) 話し合う …… 138
晩に …… 345

ひ
非常に …… 140

左側に ………… 218
左に曲がる ………… 212
一組の～ ………… 229
(～の中の) 1つ (1人) ………… 173
独り言を言う ………… 265
(～を) 拾う ………… 48

ふ
～部 (クラブ) に入っている ………… 331
ふろに入る ………… 50

ほ
放課後 ………… 135
ほかに何か ………… 242
(～を) ほこりに思う ………… 119
本当ですか ………… 261

ま
毎朝 ………… 277
毎週 ………… 103
毎月 ………… 231
毎年 ………… 293
毎日 ………… 58
(～の) 前に ………… 99
まさか ………… 102, 261
また後で ………… 358
またね ………… 35
まちがいをする ………… 321
(～を) 待つ ………… 20
(～を…から) 守る ………… 336
(～の) 真ん中 ………… 226

み
見上げる ………… 61
見て ………… 303
みなさん ………… 204
(～を) 身に着けてみる ………… 112
(～を) 身に着ける ………… 208
(～を) 見る ………… 322

む
昔々 ………… 238
(～へ) 向けて出発する ………… 285
向こうに ………… 25

め
メッセージ (伝言) を残す ………… 104
(～の) めんどうをみる ………… 19

も
(～を) 持ち去る ………… 271
もちろん ………… 123
(～を) 求める ………… 256
もどる ………… 17, 42
問題ない ………… 167, 344

や
やって来る ………… 263

ゆ
夕方に ………… 345
(～で) 有名である ………… 222
(～を) 指差す ………… 294

よ
(～へ) ようこそ ………… 197
(～の) ような ………… 223
良かったね ………… 339
よくやった ………… 236
夜に ………… 45

り
(～も…も) 両方とも ………… 142
旅行に出かける ………… 219

れ
列車を乗りかえる ………… 287
連らくを保つ ………… 235

わ
わからない ………… 56, 362
わかりました ………… 113
(～を) 忘れないで ………… 334
私が～しましょうか ………… 225
私は～してもいいですか ………… 16
私はそれをします ………… 88

名探偵コナンの
12才までに覚えたい
英熟語300

2020年11月23日　初版第1刷発行

原作　青山剛昌
監修　アレン玉井光江（青山学院大学教授）

発行者　金川 浩
発行所　株式会社　小学館
〒101-8001　東京都千代田区一ツ橋2-3-1
電話　編集 03-3230-5170
販売 03-5281-3555

印刷所　図書印刷株式会社
製本所　牧製本印刷株式会社

Printed in Japan
ISBN 978-4-09-227237-8

装丁・本文デザイン　高橋久美
編集協力　大場祐一、樋口 岳、戸田浩平（ジャレックス）
校閲　長倉利夫、迫上真夕子
英文校閲　Bruce Allen
DTP　創樹
協力　昭和ブライト
音声録音・編集　一般財団法人英語教育協議会（ELEC）
音声ナレーション　AIRI、Jack Merluzzi、Karen Haedrich

制作　木戸 礼、斉藤陽子
宣伝　野中千織
販売　北森 碧、窪 康男
編集　掛川竜太郎

アレン玉井光江
（青山学院大学文学部
英米文学科教授）

Notre Dame de Namur 大学英語学部卒業。サンフランシスコ州立大学大学院修士課程、テンプル大学大学院博士課程を修了。文京学院大学外国語学部教授、千葉大学教育学部教授を経て、2010年より現職。専門は児童英語教育、第二言語習得。特に、幼児や児童がどのように英語のリテラシーを獲得するのかを長年研究している。日本児童英語教育学会理事、小学校英語教育学会研究推進委員なども務める。